中国社会科学院近代史研究所

民国文献丛刊

王云五 著

谈往事

中华书局

图书在版编目(CIP)数据

谈往事/王云五著. —北京:中华书局,2015.6
(中国社会科学院近代史研究所民国文献丛刊)
ISBN 978-7-101-10479-0

Ⅰ.谈…　Ⅱ.王…　Ⅲ.王云五(1888~1979)–回忆录
Ⅳ.K825.42

中国版本图书馆 CIP 数据核字(2014)第 235291 号

书　　名　谈往事
著　　者　王云五
丛 书 名　中国社会科学院近代史研究所民国文献丛刊
责任编辑　潘　鸣
出版发行　中华书局
　　　　　(北京市丰台区太平桥西里 38 号　100073)
　　　　　http://www.zhbc.com.cn
　　　　　E-mail:zhbc@zhbc.com.cn
印　　刷　北京市白帆印务有限公司
版　　次　2015 年 6 月北京第 1 版
　　　　　2015 年 6 月北京第 1 次印刷
规　　格　开本/920×1250 毫米　1/32
　　　　　印张 9⅛　插页 2　字数 200 千字
印　　数　1–4000 册
国际书号　ISBN 978-7-101-10479-0
定　　价　42.00 元

出版说明

　　文献史料是认识和研究历史的基础,民国史研究自不例外。为了给民国史研究者和爱好者提供史料利用上的便利,我局与中国社会科学院近代史研究所等学术机构合作,推出"民国文献丛刊"。

　　"民国文献丛刊"首批图书中,经台北传记文学出版社授权,列入了原属"传记文学丛书"和"传记文学丛刊"的一些作品,包括《刘汝明回忆录》、《银河忆往》、《逝者如斯集》、《颜惠庆自传》等十九种。

　　由于作品产生的时代背景和作者个人的政治立场的影响,一些作品中存在着比较明显的时代局限和政治色彩,一些个人视角的描述与评论,难免有不符合事实之处,反映了特定历史时期各派政治势力和社会组织之间错综复杂的关系。我们除了作必要的技术处理外,基本保留了作品原貌。希望各位读者在阅读和研究的过程中,着眼于其文献价值,辨析真伪,而获得本真的历史事实。

中华书局编辑部

二〇一四年七月

目录

起我国之全面抗战；转辗播迁，时仆时起，迄于太平洋战事爆发，九年以来，余逐日有记，长者多至数千言，短者亦不下数百字；以平均每日千字计，积一年当为三四十万，积九年不下三四百万。其中所记，或关治事，或关计划，或关读书，或关访书，或关种种问题之解决，间亦不乏对国事之评述。全部日记留在香港；及日军进攻港地，余因公适留重庆，幸免于难；然留港日记，不毁于战火，而毁于畏祸之亲友。民三十年底以来，余留重庆，为商务印书馆从事于第三次之复兴，艰苦情形，远过往昔。嗣悉日记在港全毁，不免灰心，遂不再写作，致可记之事虽多，竟无所记；而九年持续之良好习惯，直至一九五四年再度从政，始予恢复。然嗣后系就簿册为记，限于篇幅，每日所写，不逾四五百字，以视前此采用活页，不限字数者，详略自有不同。

自时厥后，余渐养成早起之习惯，在万籁俱寂，鸟语不闻之际，偶忆往事，思有所追述，终以过去日记荡然无存，不敢作编年之想，仅略仿纪事本末，就尚有资料可寻之若干事分别专题叙述，最长者多至二三十万言，最短者亦不以数千言而少之。迄于今已写成卅余专题，都二百余万言。

自去年春初，余忽发奇想，并鼓起勇气，从事于自撰年谱。余前此无此勇气，此时突然改变，系由于详加分析之结果。其理由约有数端。一、最近十年，余不仅恢复日记，且有不少文献可资印证。二、余主持商务印书馆之二十五年间，虽日记不复存在，幸而尚有出版书刊暨相关文献，可助回忆或印证。三、余自复员后第一次从政，迄于一九五四年第二次从政，八年之间，由于若干经历事项，已有专题记述，足资旁证或引申。基此三项，当有四十三年可利用多少书面的资料；纵然此类资料不尽完备，终胜于无。此外三十余年中，民元至余加入商务印书馆之民十的一段期间，所经历较重大事故，未尝尽缺文证。又余自十四岁开始人生之奋斗，迄二十四岁参加临时总统府与教育部工作，其间十载之特别经历，永久不能忘怀者，亦复不少。于是只有十四岁以前之少年及幼年生活，仅凭东鳞西爪的回忆；然而此一段时期，任何人皆难保有第一手的记述，余又安敢独存奢望。

经过上述之考虑，余遂从一九六三年二月开始尝试自撰年谱，所记详略悉按记忆与资料，坚欲一气呵成，然后从头逐年考虑补充，更拟自某一项回忆中引发另一项之回忆。乘此一股热情，每日余暇，悉从事于此，朝斯夕斯，未尝稍懈。迄本年二月下旬，恰满一年有十数日，过去七十六年之往事，幸而初步迅速完成。三月以后，即开始设法补充，原拟每日补充一事。昧爽静思，偶得一种阴影，辄笔之于书，然后以全日余晷，搜索旁证，期作较详尽之记述。初时尚能循此进行，惟经过若干时日，每日一事之回忆，渐感困难，间或获得一事之轮廓，然与其内容有关之直接间接资料，仍不易检寻。余在过去一年所记，系采长篇方式，辄以有关之个人著作（有专书印行者除外）及其他文件，附于谱后，备他日作最后之取舍，故费力较少而表面上之收获尚丰。然自本年三月以来，专从补充着手，则费力多而收获少；不过偶有所得，辄予我以莫大安慰。中间为填空暇，亦仿诸家年谱例，就逐年国内外大事摘要附记谱末，而冠以个人就是年局势的鸟瞰，参以一己的见解，辄就局势发展，证其因果，并及个人所受之影响。

上述写成之年谱长编与若干年来的专题追记数十篇，迄今尚为未经局部发表之存稿。然来台以后，曾就个人生活先后发表之文字，集刊为一小册，命名为《我的生活片段》，仅括入文字六篇。

近两年来，余先后就个人对于前贤故旧的关系，撰为传记式文字数篇，多由《传记文学》杂志刊布。《传记文学》主编刘绍唐先生有分册汇刊《传记文学丛刊》之意，而坚请余开其端。本书之编印即由是而促成。

本书括有新旧作十六篇，其中属于本人谈往事者十篇，属于记述前贤故旧而兼及本人往事者六篇。后一项之六篇，除四篇已由《传记文学》先后刊布外，余二篇亦经他方面发表。前一项之十篇，则采自《我的生活片段》者三篇，采自《自由谈》月刊先后刊布者亦三篇。余四篇，除其一不日由《健康长寿》月刊刊布外，原不拟即予发表。今为使本书对于个人各方面的生活咸具代表性，遂不得不破例加入。兹就各篇代表性分别言之：

一、我的图书馆生活——概述余读书经过与编书要旨。

二、漫游欧陆渡重洋——略述三十余年前余初出国门，由美洲渡欧陆，经历七国考察与游览之概况。

三、两年的苦斗——概述三十年前商务印书馆遭劫，几至崩溃，余为作第一次复兴之努力。

四、八年的参政——略述抗战时期余从旁参与政治，包括参加国民参政会与政治协商会议之经过。

五、重理粉笔生涯——概述来台后重兼教学之经过，并略叙余在清末民初约十年之教学。

六、我参加第一届第二次国民大会追述——概述余来台后参加政府实际工作前之参政经过。

七、入闱记——叙述余任高等考试典试委员长，实行入闱，为时一周之经历。

八、七十年与五味——余七十生日后应《自由谈》月刊邀约所写的处世经验。

九、挂冠记——叙述余重游政院五年后，坚决引退，卒获如愿之经过。

一○、我怎样保持健康——报导余大半生养生之经验。

一一、我所认识的高梦旦先生——就余加入商务印书馆后，与高先生十余年相处，描写高先生之行谊，所以传高先生，亦所以自述个人生活之一重要过程。

一二、蔡孑民先生与我——自余初受蔡先生拔擢，暨其后数十年论交，概述经过。

一三、我所认识的朱经农先生——就余初对经农的师生关系，继与经农数十年论交共事之关系，述其经过。

一四、我怎样认识国父孙先生——就余于中华建元之前夕偶尔认识孙先生的经过，进而略述追随孙先生，服务于临时大总统府数月的经过。

一五、怀吴稚老——就余与吴先生交游之经过，作简单叙述。

一六、张菊老与商务印书馆——就张先生与余对商务印书馆之关系，作概括的叙述。

总之，以上各篇，虽详略不同，然无一不构成个人生活的片段，除内容分量三四倍于前刊《我的生活片段》外，范围亦远较广泛。正如上文的分析，对于个人七十余年的人生历程，除最初十余年记述较简外，已就一个花甲的遭遇与作为，呈现其一斑。

本书命名谈往事者，以与余十年来先后出版之谈管理、谈教育、谈政治、谈世界、谈国际局势等书形式相近，咸为旧文之集刊，然内容则皆记述个人经历之往事，间为他人作传，亦皆反映个人之往事，其性质为片段的与重点的自传，与前举各书之以评述为主者，固异其趣也。

一九六四年四月二十三日王云五识

我的图书馆生活

我在学校的时期很短；我在图书馆的时期却很长。我不是职业的图书馆馆员；但我大半生消磨于图书馆的时间恐怕比一般职业的图书馆馆员尤多；一个职业的图书馆馆员至多与一二十所图书馆发生过关系，而与我有关系的图书馆至少有几千所。这究竟是怎样一回事，且听我叙述一下。

与我最先发生关系的图书馆，是英国布茂林先生的私人图书馆。他是我在少年时的英文教师。我在十七岁（民国前七年，当公元一九〇五年）的上半年开始跟他读书，经过实际上七个月的工夫幸而被布先生拔充教生。每月领薪水二十四元，还可于每日下午布先生教授第一班学生的功课时随班听讲，而且随时可以作文请布先生评定改正，自己读书有问题时也可向布先生请教。我任教生约一年；在这期内我确实获得不少的进步，特别是由于开始利用布先生的私人图书馆。它所藏的当然都是英文书籍，为数约六七百册，范围却很广，各科各类无所不包，其中还有一些外国人所著关于中国的书籍。我的家庭并不是书香门第，纵然我的大哥破天荒中了一名秀才，却不幸早逝。他纵然有几部旧书，也都存在广东的老家里。在上海的家里只有我父亲购藏的一部同文书局版二十四史算得是有些价值，此外简直没有什么对我有用的书籍。我自己从十四五岁以来虽也零零星星买了一些书，可是都以中等程度各科目的自修参考者为限。现在有了这样的便利，仿佛是乡下人进城，见着什么都心喜；又仿佛是过屠门之人，都想大嚼一顿。因此，我就常在他的书室里盘桓，把每一本书都翻阅一下。得了他的同意，每隔几日必借一本书回家阅读；又为着怕他自己要用，所有借出的书都不敢耽搁过久，遂养成一种赶快读书的习惯。好在每天下午是我自由随班听讲的时候，第一班的功课我或已读过，或觉得自己阅读比听讲快得多，倒不如利用这些时间自己补读，可以腾出较多的时间，去读每次向布先生借取范围远较广泛与程度高深的书籍。因此，在每日下午布先生独自上课的时候，我不是躲在他的书室里，把用不着借回家去或者不便借回家去的书籍作闪电式的阅读，便是在家里把借回来的书细细阅读，夜以继日，有时还开夜车读至十二时才睡，而其中一部分的读书时间却是躺在床上，渐渐也就养成上床后，不读书不能入睡的习惯。

这时期内，我读的英文名著，第一部是遵照布先生指示的马可莱氏《英国史》；这是两厚册的巨籍。布先生对我说，纵然不注意这书的内容，其文章也是最值得一读的。的确，这部书读完后，对于我的英文着实有很大帮助。此外的书大都是由我自己随好奇心与兴趣而选择，偶然也请教一下布先生。举其类别和重要书名来说，在经济学方面有亚丹·斯密的《国富论》（严又陵氏译本称为《原富》）；在社会学方面有斯宾塞尔的《社会学原理》（严译名为《社会通铨》）；在法学方面有孟德斯鸠的《法意》；在自然科学方面有达尔文的《物种原始》；在哲学方面有埃克曼的《哲学史》，有柏拉图的《对话》，有休谟的《人类理解》；在政治学方面有约翰·穆勒的《代议政府》及《自由论》（后者严译称为《群己权界论》）与卢骚的《社约论》；在教育方面有斯宾塞尔的《教育论》；在历史方面有克莱尔的《法国革命史》及英人某氏的《中国》。但对于文学方面，我除了倍根的论文集，马可莱的论文集，佛兰克林的自传，布恩的《天国历程》与《阿剌伯之夜》（即《天方夜谈》）几种名著外，其他颇不感兴趣，特别是对于莎士比亚的戏剧和米尔顿等的诗，虽然布先生很劝我一读，我总觉得不如其他之有兴趣，勉强一读，也就放下。这或者是我不能成为文学家之一原因。

还有一件很奇怪的事。我自从离开了不满三年的中文私塾生活，对于国学既没有根底，对于国文也还不很通顺；

却因开始念英文，这几年间在校中所读与在校外自修都限于英文及新的基本学科，致把中国文史简直置诸脑后。自从得读英文的《中国》，使我感觉对中国史的兴趣，于是把家中所藏之一部二十四史随便翻阅。由于我国的正史都是纪传体，一时摸不着头脑，遂买了《通鉴纪事本末》与从日文汉译的《支那通史》各一部，读过后得了一些线索。又因《史记》不只是第一部的正史，而且听说其文章最好，便从对《史记》的阅读，而开始涉猎中国的史籍。同时，在读英文的《国富论》《法意》等社会科学名著之时，获悉有严又陵氏的译本，取而对照，觉严氏的译文典雅颇有为我所不尽了解，转不如英文原本之易读；因思中国人读中文不能如外国文之容易，实属可耻，遂决意多读中国古籍，以雪此耻。这是后来的事，不关本题；然其动机竟为此一时期的外国图书所激发，殊值得毕生的回味。

在我十八岁的下半年，因有一个机会接受上海一英文专修学校之聘，代替那位别有高就的校主担任一切的功课，每月有将近二百元的收入。虽然因此失去了布先生的指导和对他的私人图书馆的利用，但我却从新的图书资源，就我的卧室开始建立自己的一所图书馆。我每月骤增了一百多元的收入；那时候每一元的效用比战前不知增加几多倍，比诸现在更不必说。当我在同文馆任教生时每月所得的二十四元，除以半数献给我的母亲零用外，自己支配的十二元已经绰有余裕。此际每月所得也照样处理。一个年甫十八的少年，除了偶然和几位少年朋友吃些点心外，别无其他嗜好可以花费这许多钱。于是我自己支配的半数每月剩余约七八十元便都变为书籍。那时候的英文专修学校，除星期休息外，星期三和星期六的下午也停课；而这两个下午我总是消遣于北京路一带的旧西书店和河南路福州路一带的中文书店。这些旧西书店多从拍卖行把外国人回国者的家具什物和书籍一起买回来。它们对于家具什物都还识货，自能待价而沽；但对于西书既不知其内容，便只凭外表装订之优劣与书籍的新旧，胡乱定价出售。我在布先生那里当教生的一年自动阅读的书颇多，对于西学已略窥门径，于是某书有用，某书无用，便不致随其外表而定；因此，在那里搜购西书往往获得很有价值的名著，而代价之低往往在原定价百分之十以下。至对于中文书籍既由读英文书而引起兴趣，也常常向扫叶山房等购石印古书，广智书局等购日文翻译书，文明书局、商务印书馆等购新编各种书；所以不到一年我便积聚了中外新旧的书籍好几百册。我个人独居的小小卧室居然堆满了三壁图书，奠立了在赴台前总计不下八万册的私人图书馆之基础。

在此时期，我的私人图书馆中突然增加了一部三十多巨册的《大英百科全书》，那是由商务印书馆的西书部代理，而可以先行取书分期付款的。记得每月付款为十二元，约于两年内付清。我得了这部装潢华美，印刷精良的大部书，不仅为我那时候的私人图书馆大大生色，而且对我个人以后至少二十年间的读书兴趣影响了不少。本来我之读书没有一定目的，又除在同文馆任教生之一段时期外，并没有得人指导；因此便随一己的兴趣与求知欲之浓厚，而且个人由于自修的磨炼，理解力也颇强，对于任何一项新的科目在入门之始都不感什么困难；而这部《大英百科全书》得来并不容易，且系按月付款，无时不使我重视其代价；于是我从那时起接连约二年之内，几乎每日都把这部书翻读二三小时，除按各册顺序翻阅一下外，对于前后相关的条文更就索引所指示，依类阅读无误。结果，除了许多人名地名无关重要者略而不读外，所有重要条文几乎都曾涉猎。这样的读书方法，博而不专，原是很愚拙的，在那时候有些知好和学生获知此事，颇加赞许，认为难能可贵。我那时听了这样的批评也不以为忤，可是现在回想一下，不仅把这两三年间自己读书时间的一个重要部分占据了，而且由于博而不专的习惯养成，使我以后约莫二十年的自己读书常常变更其兴趣与学科，结果成为一个四不像的学者，否则以我对于读书的兴趣，自问理解与记忆均不差，纵然没机会进大学之门，至少也可以靠自力而专攻一科，而获厕于专家之列呢！

我在十九岁秋季后，改就中国新公学英文教席，嗣因中国新公学仍并入中国公学，转就该校任教，迄于辛亥革命上海光复之时，其间四年，月薪较优，任课之钟点也较少；在较后的两年间又兼他校功课与报馆撰译，月入更多。因之，聚书之能力更强，读书之需要也更殷。及民国初元我先任职于南京临时政府，继随政府北迁；那时候上海寓所的藏书已达六七千册。除把必需之一部分随带至北平外，我在留北平服务之五六年间，退食之余仍不辍读，仍继续聚书，并开始收集木版书，与法政经济社会之英日文著作。及民国五年南返，合平沪两地的藏书，计已在万册以上。从此时起，迄于加入商务印书馆之时，其间四年，由于第一次欧战后外汇汇价大跌，美金一元仅当我国国币七八角，于是向外国购买新出版书籍的价格至廉；同时我对各科学术都有了门径，也就得以极廉之价选购最精要之作。加以最近数年渐能读法文及德文书籍，故于中英日文的藏书外，还参入若干法文及德文著作。

像这样凭借私人图书馆而读书，到了民国十年我开始担任商务印书馆编译所所长以后，便有所改变。由于该馆原有的涵芬楼所藏旧书二三十万册，英日德法文书籍五六万册，隶属于编译所而由我主持；于是我对于图书馆之利用，不仅范围大大加广，而且可以按需要而大量增购。未几商务印书馆董事会议决拨款新建馆屋，将涵芬楼藏书公开阅览，更名为东方图书馆，而由我主持筹备。我认为图书馆之公开，首须作合理的图书分类，以便检取书籍。我国旧日的四部分类法失诸粗疏，专供旧书的分类，尚觉不适于用，况现代图书馆兼收西方新籍与其译本，及近人对新学术的著述，其不能以旧法为之统驭，更属显明。涵芬楼之所藏固以旧籍为多，新书与各国文字之图书亦复不少；要采用何种分类法始能统驭中外新旧之图书，实有亟予研究之必要。

我平素不自量力，对于主管工作的当前问题，尤不肯放弃。经过相当研究之后，遂作成"中外图书统一分类法"。这方法不是一种发明，而是建筑在美国杜威氏的十进分类法的基础上，加上若干点缀，使更适于中国图书馆的应用而已。美国是图书馆学最发达的国家，其各种分类法多为世界各国所采行。据其图书馆学专家卡特氏说，"图书分类至少须符合两个条件：（一）须要按着性质相同的分类，换句话说，就是按照图书内容在科学上所占的地位而分类；（二）须把所有图书按照它的种类分别陈列起来，务使同类的书不要分开，不同类的书不要掺入。"这的确是很适当的定义；对于一种图书分类法之是否完善尽可按此义而加以鉴衡。

我国的图书分类，最古者当推汉朝刘歆的七略，就是把图书分为辑略、六艺略、诸子略、诗赋略、兵书略、术数略、方技略七大类。其后历代均稍有损益；直至唐代才有所谓四部分类法，就是把图书分为经、史、子、集四大类。自唐以来，这分类法也时有变动；至清初修四库全书，虽把细目增订了不少，根本上仍不脱经、史、子、集的分类法。从表面上观察，这虽似按性质的分类法，但细加研究，多少还是倾向于形式的分类法。例如经部的《书经》本是一部古史，《诗经》本是文学，《春秋》也是历史，"三礼"都是社会科学，《论》《孟》也可说是哲学，若严格按照性质分类，当然是不能归入同一类的。但旧法分类的原则，因为这些都是很古的著作，而且是儒家所认为正宗的著作，便按着著作的时期和著者的身份，不问性质如何，勉强混合为一类。关于子部呢，也是同样的情形，把哲学、宗教、自然科学、社会科学各类的书籍并在一起。关于集部，尤其是复杂，表面上虽皆偏于文学方面，其实无论内容属哪一类的书籍，只要是不能归入经、史、子三部的都视为集部。所以四部之中只有史部还合乎按性质的分类；不过目录学因没有相当的部可入，也就归入史部，这一点似又与依性质分类的宗旨不符了。

外国图书按性质的分类，可说是发源于希腊的亚里士多德。他主张把学问分为历史、哲学、文学三大类，后来英国哲学家倍根再把这三大类各分为若干小类，就成为西方图书分类法的滥觞。演进至今，由于学术的发展日益精细，图书分类法也日益详密。虽国别不同，专家不一，其分类的大原则总是按照各种图书在科学上所占的地位而定。至于分类的形式就是用以代表类别的符号，大概有三种：第一种是以字母作符号；第二种是以字母和数目作符号；第三种是完全以数目作符号。用数目作符号之典型分类法便是美国杜威氏的十进分类法，各国采用之者颇多，即在我国也颇流行。一因十进具有最自然的顺序，由千而百而十而单位而小数，秩序井然；二因字母所代表者为一种学科的西文名词的简写，对于不谙西文之人自不便利用。但是杜威氏的分类法虽有种种便利，却因其对于中国特有的图书不易容纳，而且由于他以西方为主体，对于有关中国的事物只留给一个很微小的地位，在以中国书籍为主的我国图书馆是不很适用的。因此，国内图书馆专家采用杜威氏方法者往往加以多少的改变：或于十大类之外，增加若干大类以位置我国的经、史、子、集等，或合并杜威氏原有的若干大类，腾出其地位，以容纳中国特有的图书；或者外国书照杜威氏分类法，中国书则另按一个系统而分类。这些虽也是补救的方法，但是中外的学术本有可沟通之处，却因分类法之作梗，硬把性质相关或相同的书籍排列于距离很远的地位，这不只是在参考上很不方便，而且强于中西学术间划一鸿沟，尤为不当。此外，由于中外图书分别排列之故，甚至一本西文书译成中文者也不能不与西文原本远离，另按中国书籍来分类，并且陈列在距离原本很远的书架上。为了这种种的理由，我一心一意以中外图书统一分类为大原则，而认为只要在科学上的类别相同即须归在一起；不仅原本与译本绝对并列，即我国古籍的内容在科学的类别上与西文某些著作性质相同者也当并列。同时，凡已按杜威氏分类法编号排列的外国文书籍，亦不因中国特有书籍之插入而有变更其地位之必要。

我很侥幸，在数月来念兹在兹的心境中，偶然得着一个补救的方法，能够增加无量数的新类号，却丝毫不变动杜威氏原定的类号。我因为幻想怎样创造新类号的方法，有一天偶然看见邻近新造的房屋钉上门牌；这所房屋是介于一百八十三号和一百八十四号之间，因此它的门牌便作为一八三号A。我从这里忽然得着一点启示，以为房屋的号数既可用ABCD等来创造新号码，那么图书馆的分类法也何尝不可仿照这意思。因此，对于为中国特有书籍所增加的类号，我一律冠以一个"十"号以别于杜威氏的原类号，同时杜威氏的原类号还是一点没有变动；例如杜威分类法中用以表示国别的小数，美国为·一，英国为·二，法国为·三，中国向被列于东方各国之下作为·九一。现在依我偶然发见的方法，便可将表示中国的小数·九一改为"十一"，因此本来置于最末位者即可移于最前，而对于杜威氏用以表示其他各国之小数仍保持不变。此外，关于中国的书籍，除与西方学术相同者仍归入杜威氏原定的类号外，其大同小异者概仿上述的原则，分别以"十"、"廿"、"卅"三个符号冠于与杜威氏原类号相同者之上，而分别置于与其大同小异之西方图书之最近距离处（详见我所著的《中外图书统一分类法》）；于是不仅译本与原本绝对放在一起，而中国古籍与西方图书性质尽同或大同小异者，无不分别置于相同或接近之地位。这便是我所称为中外图书统一分类法的大旨。

有了这样新补充的（我不敢冒称为发明）分类法，我遂开始督同涵芬楼各同人，把原藏及新增的中外图书，彼时合计不下五十万册者，除了善本孤本向不公开阅览者照原状保管外，所有准备公开者一律依《中外图书统一分类法》实行分类编目，结果证明依此分类法每书各有一定地位，无论从分类的卡片上或在书架上检阅均甚便利；加以那时候我先有四角号码检字法的发明，对于图书馆索引片的编制排列，可使检查极为迅速便利。该馆筹备经年，卒于民国十五年三月正式以东方图书馆名称公开阅览，而由我以兼任东方图书馆馆长之地位继续主持。以其藏书之富，在当时全国几首屈一指，并为我国公开的私人图书馆树立楷模；于是好学之士每日来馆阅览者至为踊跃；而国内图书馆界人士远道来上海参观，以资取法者亦络绎不绝。直至民国二十一年一月二十八日中日闸北之战，该馆馆屋与全部藏书尽毁于炮火，其服务乃中绝。这是后事，兹不赘述。

我在过去二十余年间深感图书馆的重要，现在既有此机缘亲自将东方图书馆整理公开，于是次一步骤仍是推己及人，想把整个的大规模东方图书馆化成无量数的小图书馆，使散在于全国各地方、各学校、各机关，而且在可能时还散在于许多家庭。我的理想便是协助各地方、各学校、各机关，甚至许多家庭，以极低的代价，创办具体而微的图书馆，并使这些图书馆之分类索引及其他管理工作极度简单化，因而以微小的开办费成立了一个小规模的图书馆后，其管理费用可以降至于零。这一事经过了一年有半的筹备，遂于民国十八年四月间具体化，而开始供应于全国，这便是《万有文库》的印行。兹将我为印行《万有文库》所揭橥缘起摘述于左：

　　图书馆之有裨文化，夫人而知。比者国内图书馆运动盛起，而成绩不多遘。究其故，一由于经费支绌，一由于人材缺乏；而相当图书之难致，亦其一端也。以言旧籍，则精刻本为值綦昂，缩印本或竟模糊不可卒读。以言新书，则种类既驳杂不纯，系统亦残阙难完备。因是，以数千元巨费设置一小规模之图书馆，而基本图籍往往犹多未备。抑图书馆目的在使图书发生最大之效用，故分类与索引之工作洵为必要，当此图书馆人材缺乏之时，得人已非易易；幸而得之，然因是不免增加经常费用，或使经常费消耗于管理方面者，反在添置图书之上。凡斯种种皆图书馆发达之障碍，亦即文化发达之障碍也。不佞近主商务印书馆编译所……数载以还，广延专家，选世界名著多种而译之；并编印各种治学门径之书，如《百科小丛书》，《国学小丛书》，《学生国学丛书》，《新时代史地丛书》，与夫农工商师范算学医学体育各科小丛书，陆续刊行者既三四百种，今拟广其组织，谋为更有系统之贡献，除就《汉译世界名著》及上述各丛书整理扩充外，并括入《国学基本丛书》及种种重要图籍，成为《万有文库》，冀以两年有半之期间，刊行第一集一千有十种，都一万一千五百万言，订为二千册，另附十巨册，后此且继续刊行，迄于五千种，则四库旧藏，百科新著，或将咸备于是。本文库之目的，一方在以整个的普通图书馆用书贡献于社会，一方则采用最经济之排印方法，俾前此一二千元不能致之图书，今可以三四百元致之，更按拙作《中外图书统一分类法》，刊类号于书脊，每种复附书名片，依拙作《四角号码检字法》注明号码。故由本文库而成立之小图书馆，只须以认识号码之一人管理之，已觉措置裕如，其节省管理之费不下十之七八；前述二种之障碍，或可由是解除乎？……

该文库第一集先后售出约八千部，其中由各省政府备款大批定购，分发各县，使向无图书馆者，以此为基础而成立之，其已有图书馆者，亦藉此充实之。公私团体仿此办理者亦不少。统计藉该文库第一集而成立之新图书馆，至少在一千五百所以上。

其后，在民国二十三年九月，我又编印《万有文库》第二集二千册。第一集所由组成之丛书为数十有三；第二集所由组成者为数仅四，其重要区别，则在一方面加重《国学基本丛书》与《汉译世界名著》之分量；前者由百种增至三百种，后者由百种增至一百五十种；又一方面以《自然科学小丛书》及《现代问题丛书》二种，而代第一集之农工商医等小丛书十一种。总之，第二集之分量远较第一集为多，程度亦较第一集为深。这个第二集先后售出约六千部，对于藉《万有文库》而成立之新图书馆给予很大的新力量；而对于向已成立之其他图书馆及私人藏书，皆为极有价值的补充。

自从民国二十一年一月东方图书馆被毁以来，我无时不以恢复该馆为己任。因此，在是年八月商务印书馆整理复业，景象颇为乐观以后，我便逐渐为复兴中的东方图书馆搜罗中外新旧书籍，迄于二十六年八月中日战事蔓延至上海之时，总计已收得书籍三十余万册。旧书方面以所收丛书为多，因于二十四年三月刊行《丛书集成初编》百种，计四千册，与《万有文库》一二两集合得八千册。我打算俟《万有文库》二集完成后，续印《万有文库》三集二千册，凑成万册之数，而我的初志也就可以达成。不料《文库》二集与《丛书集成初编》尚未出齐，中日战事已发生；在战争初期，虽仍小规模继续印行，惟完成之功却迟至民国三十五年战后，此则由于战争阻碍无可如何者也。

按我国所谓丛书，由来颇古。钱竹汀说："荟蕞古人之书，并为一部，而以己意名之者，始于左禹锡之《百川学海》。"按《学海》之辑，在宋咸淳癸酉；而俞鼎孙之《儒学警悟》则刻于宋代嘉泰间，在《学海》之前又数十年，真是丛书之祖；但二者虽有丛书之实，尚无丛书之名。其更前之《笠泽丛书》，则为唐代陆天随个人的笔记，其自序称为丛脞细碎之书，虽有丛书之名，实非丛书。至于名实兼备者实始于明代程荣之《汉魏丛书》，而继以《格致丛书》《唐宋丛书》等。降及清代，丛书之刻，愈多而愈精。有仿刻宋元旧椠者，如黄氏之《士礼居丛书》，孙氏之《岱南阁丛书》是；有搜罗甚广，子目逾百，卷数逾千者，如鲍氏之《知不足斋丛书》，伍氏之《粤雅堂丛书》是；有由官府刊刻者，如《武英殿聚珍版丛书》是；有专收郡邑著作者，如《盐邑志林》《金华丛书》是。张之洞曾经说过："人自问功德著作不足以传世，则莫如刊刻丛书以垂不朽"；可见学者之重视其事。迄于最近，就各家的丛书目录所载，丛书已多至数千种；但一察其内容，则名实不符者十居五六，删改琐杂，比比皆然。张之洞又说："丛书最便学者，为其一部之中可该群籍，欲多读古书，非买丛书不可。"但是丛书种类如是纷繁，内容如是庞杂；苟不抉择，多购既糜金钱，滥读尤耗精力。我于复兴东方图书馆时期内，先后搜罗优良之丛书数百种，益以涵芬楼旧藏善本孤本的《烬余丛书》数十种，综合起来，尚称完备；乃就此中更为精选，去取之际以实用与罕见二者为准，而以各类具备为范围，分为普通丛书、专科丛书、地方丛书三类，每类各区为若干目。普通丛书中，宋代占二部，明代二十一部，清代五十七部；专科丛书中，经学、小学、史地、目录、医学、艺术、军事诸目合十二部；地方丛书中，省区、郡邑二目各四部。总计所选丛书百部中，原来含有子目约六千种；但因一书往往为二以上之丛书所收，今综合刊印，遂去其重出约二千种，实存四千一百余种；又原来所含卷数共二万七千余，删去重出后，实存不满二万卷。经此删汰，纵使版式绝无变更，对于购读者已省其资力与精力三分之一；况改按经济的方式重排，并一一增加句逗，其所节省的资力精力尤多。此百部丛书所含子目四千一百余种，因名称生僻者甚多，旧分类失诸粗疏，亦不能示其正确的类别。我费了几个月的工夫，将这四千一百余种书籍悉按其内容，依《中外图书统一分类法》作正确的分类，其足以助阅读者之按图索骥，迥非模糊不清的分类可比。试举一例以明之，如《镜镜詅痴》一书，旧分类法入子部杂家类，实为清初醉心西学者所著关于光学之书，故依新分类法改列于自然科学类物理门光学之下，则性质显然。

以上所述，不外说明我以一己对于图书馆之热烈需求，一旦有了机会，主持彼时全国最大的出版家，与最大的图书馆，因而推己及人，而有上述的贡献。现在于结束本文以前，拟补述两事，都是我与图书馆的关系。

其一，是关于我在美国国会图书馆读书的一段故事。那是在民国十九年夏初，当我第一次出国之时。我于十八年秋间一度向商务书馆辞去编译所所长之职，改任中央研究院研究员；旋因商务总经理鲍君去世，董事会推我继任，固辞不获，乃以就职后立即出国研究管理方法为条件。此行为期半年，历日、美、英、法、德、比、荷、意八国，沿途参观工厂，访问专家，自系应有之事；但到了美国国会图书馆，因其藏书丰富为世界之冠，乃以十一日的全时间接连在该馆阅读一切有关科学管理之书刊。承该馆东方部主任Dr.Hummel竭诚招待，为我觅得一临时研究室，专供个人之用。我在此十一日之间竟得涉猎约九百种有关科学管理之书刊，乍听起来，似不为人所信，但一经解说，则在他处绝不可能者，在该馆实有其可能。第一，该馆之书刊目录片对于内容皆有扼要的记述，依类别或其他而检得某书或某期刊所载的论文后，立时可从各卡片上的提要，发觉其是否与我所欲研究者符合。经此初步之检阅而剔除者当占半数以上；假定尚有四百种书刊必须借到研究室中阅读，则于借书单上填明书号及签名后交与借书管理员，在很短的时间内所借书刊便陆续输送至我的研究室。假定书籍与期刊各占半数；其中所借的期刊因每段多有显明的标题，一望而知某段不合需要，可以不读；又假使平均剔除其二分之一，则必需阅读者，姑定为等于期刊一百篇之论著；每篇平均以五千字计，一百篇等于五十万字，三日工夫当可读毕。至于书籍二百种中，假定小册子占三分之一约七十种，平均每种四十面；其他一百三十种的书籍平均每种二百面；两者合计为二万八千余面。查欧美新刊书籍多有详尽的索引，除必须全部毕读之书籍或小册占极少数外，其他皆可先检索引，获悉某某章节当读，假定当读者占五分之一，则只有五千余面当读，读时又可按其性质与关系，分别为略读与精读。假定精读者占五分之一约一千面，略读者占五分之四约四千余面，则当精读者与当略读者各占四日，连同阅读期刊之三日，恰为十一日，这样的计算，是否符合当时实在情形，因历时久已难记忆清楚，只能作合理的估计；假使此项估计不差，则以十一日而涉猎九百种书刊，固非不可能。又国会图书馆备有自助餐室，入馆阅览者得以清晨八时到馆，晚间十时离馆，中间不必出馆一步；且每一研究室皆设有电话，可利用以与外间交通。因此，我在这十一日之间，几乎以全部时间在馆读书，在紧张时往往以一日作二日之用。至于借书还书亦极便捷；借书除在卡片室写具借单，自行办理外，亦得在研究室中写填借单，由服役者代为借取。借到之书均附有一端红色及一端蓝色的卡片，如将红色一端露出书外，则馆中服役者见之，必为取去还库，而索回原借书条置诸桌上。一切简直无需自理，真是方便。

其二是我的藏书几尽为抄没之事。我自民国五年由北平返上海，迄二十六年八月中日全面战事发生时，其间二十年继续收集之书籍，连同前此已有者，计有木版书约三万册，铅印及影印书约四万册，各国文字书籍约七千册，合起来将达八万册。铅印及影印之书所以大增，其重要理由则为我自主持商务印书馆编译所以来，所有商务出版书籍照例都送我一部，只此一项便不下二万册。木版书则自居留北平之时开始收集以来，返沪后时有增益，但增益最速者莫如在民国二十二年迄二十六年夏之一段时期。在那时期我为复兴中的东方图书馆，作有计划的大量收购图书。关于旧书之收购方法，因商务印书馆的分馆遍设于全国各地，遂令其就地索取各旧书店书目，寄到上海后，我即使人逐项剪开，分贴于卡片之上，再按四角号码排列；于是某书在某地某店有何版本，定价几何，皆一目了然，于比较优劣后，再嘱各该分馆索取样本寄来复核。那时候我对于旧目录学已有相当研究，更因对东方图书馆所藏善本之观摩，益以由各地索到样本的比较，于是对于版本之学也日有进步。作为复兴中的东方图书馆收购古书之际，由于我在十年来养成爱书之癖，间亦为自己趁便添购一些。彼时由于商务印书馆在我一手主持之下，复兴甚速，除恢复损失外，获利颇厚，我个人照章获得的分红也不少，而这样额外的收入也都变成书籍。及中日战事发生，我分赴香港长沙及重庆，主持商务印书馆业务，其初期在香港停留之时日较多，遂以一部分藏书运来香港，计先后运达者约六千册，尚不及全部藏书十分之一。及太平洋战事突发，我幸而赴重庆出席国民参政会未回香港，得免于难，然而藏书在沪与在港者，存亡皆在不可知之数。在重庆时期，我首先向商务印书馆的西南各分馆征集历年出版的图书全份，运渝保存，供编辑参考与翻印之用；又为避免空袭损失，特别保存在南岸汪山上之疏散房屋，后来我的家眷由香港脱险抵渝，也住在那里。每周末我上山居休假，全副精神便使用于这些书籍上；初时把它们整理分类插架，使成为图书馆式，后来便尽量利用以供阅读。为着有了这样一个图书馆，我一有暇时便常上山；又为着频频上山之故，遂利用两脚步行登山。我们的山居，在汪山之最高峰，由南岸至此为程约十五里，攀登的石级不下三千步，其中有张家坡者，须一气攀登三百八十余级。我从南岸步行上山历时约七十分，下山只需五十分；往往上午上山，下午下山，一日之间行山路三十里，丝毫不觉其苦，因而对于爬山一事颇赢得小小名誉。我常对人说，我自己备有一辆十一号的汽车，不用汽油，只消费一些汗；这确系事实。我前在上海时，因为商务印书馆供给我一辆汽车，也算是有车阶级，今竟不花钱而获得自备的汽车，不能不拜图书馆之赐。而且此举还有一个极可贵的副作用，就是二十六年春初在商务印书馆同人的一个聚餐会后，有人发起大家称一下体重。我高列第三名，为一百七十八磅；在重庆住了几年，体重降至一百四十磅以下。这样的减了约莫四十磅的体重，却使我的精神和身体更为强健；反之，在二十六年那次聚餐的同人中，体重高列第一名的张君，计二百十余磅，第二名鲍君，计二百零几磅，他们的年纪都比我小，但是不幸都在胜利复员以前，先后去世，而且第四名体重之李君，约一百七十磅，后来因我的体重大减，竟拔号而占取第三名的地位，不幸也于前年先我而逝。由这样看起来，我的体重大减，得力于爬山运动，而爬山运动主要是图书馆生活所促成，若果体重确与寿命长短有关，则我今日之余生也应拜图书馆之赐了。我在重庆居留的四年内，要读的书，在中文方面幸而有上述的一个图书馆，还不成问题；最苦者乃是西文书籍，既无从购买，只有向人借用。我所借书的地方有两处，一是美国新闻处的图书馆，又一是汪山邻居的张公权君；但张君上山的时候往往和我不同，前往借书也不免往往落空；美国新闻处借书较易，但限期颇促，我一到城里，便忙于馆务和其他事务，借书还书也就不很方便。后来有一个机会，于民国三十二年冬参加访英团，前往英国。那时候的行程是飞越驼峰，先至印度之加尔各答，在那里暂住几日，准备行装。我所领得的治装费便大半消费于购买新出版的英文书籍。说也笑话，这些书籍都可以在英国购得，但我却不肯放过这一个尽先的机会；除了把所购的书大部分寄回重庆外，还舍不得暂时离开其中若干种，以之加入长途飞行的行李中，以便沿途阅读，并准备于抵英初期无暇购书之时可供早晚阅读。到了英国以后，一有暇便往各书店访购书籍。团员中温君与我有同癖；遂常与我结伴以书店为暇时消遣之处。温君系剑桥老学生，在英朋友很多，他的余暇至少有一部分用于私人朋友的往还上。我则除偕温君共同行动外，还有许多独自的行动；因此，我之访求书籍的消息渐渐传入英国当局的耳朵。那时候，今外相艾登氏也任外相，当他为我们饯别的时候，致词中对于我们访英团每一人都带些幽默性的颂扬语。其提及我的时候，便以在伦敦徘徊于各新旧书店，搜罗丰富，深信我此行所得，不仅于回国后可供一己的消遣，而且他深信英国人也沾了光，因为从这些搜罗所得的新著作中可以看见英国在战时的艰苦和努力，以我在著作及出版界的老资格，定能为英国作不待请求的有力宣传。艾登氏这一番话果然不错。在我返国后不满四个月便先后出版了《访英日记》及《战时英国》两书。《访英日记》的内容至少有十分之一是有关于书籍的记载。后来我又写了一本英文的《访英日记》，由那时候英国驻华大使薛穆氏为我作序，其中也强调提及我的嗜书癖。在这短短的访英期内，我总共收集了六七百册的新旧著作，把我节省下来的旅费完全消费于此。后来这些书籍得英国宣传部之助，陆续为我运至重庆，于是我便有了一个不大不小的英文图书馆了。

写到这里，我不得不一述我从十八岁以来迄于六十二岁离开南京和上海之时，我的私藏图书的命运。这些图书除了事前借存于某学校约二万册以外，南行随身携带仅占极少数，其他都分别托人保管，俾得便择要转运南来；却因局势转变太快，而所托之人或由于畏祸，或由于其他原因，似乎都没有尽其受托的责任。于是我留在京沪的藏书，除借存某校及战事初期移至香港者外，悉数遭抄没掠夺，至于借存某校者，终久亦定被掠夺；故实际上的损失当占我的藏书全部百分之九十以上。

（一九五二年四月为台北市《当代学生》写）

漫游欧陆渡重洋

本文正如其标题所示，系指民国十九年我由美经英至欧洲大陆，除参观记已毁，访问专家谈话别有所述外，隔三十年作事后的追记，只能及其荦荦大者，细节多已不能回忆。至所谓渡重洋，系指去时渡大西洋，返国时渡印度洋，均舟行，以彼时航空未发达，尚无越洋之远程航空线也。

本文按所至国家之先后，分段就追忆所及，约略叙述，而冠以大西洋舟次，殿以归程琐记两段。

一 大西洋舟次

余于五月二十四五日前后，自纽约启程，六月三日抵伦敦。所乘舟属中型，记得系Cunard邮船公司所有，行程八九日。彼时渡大西洋之邮船，分巨型与中型两种，巨型者豪华而迅速，需时约五日，船费较昂，故乘客多贵族巨贾。中型者朴实而稍慢，需时八九日，船费较廉，乘客多度假人士，其中学者教授不少。余决选中型者，不专为其费廉，盖事前探悉巨型舟晚餐须衣礼服，颇嫌拘束，中型舟可免此繁文褥礼，且度假人士好整以暇，一切较自由，而其中学者教授攀谈亦较自由；且余经五旬旅美之紧张工作后，尤愿利用较长期之舟行，既便记述，又可多休息也。

　　船中确不寂寞。除在美邂逅同行之程豤甫、刘式庵二君，不时相与讨论在美见闻外，同船旅客多系中等资产之人士，除其中有赴欧度假之教授数人诚朴豪爽，一谈辄半小时以上，毫无拘束外，其他多为工商业高级人员，或赴欧度假，或接洽业务，亦落落大方，不分畛域。加以船中消遣之具不少，除余未尝游泳外，对于投环赛马（玩具名）辄与同舟旅客参加，因此，时日过得很快。余在此十日中，早膳前及午膳晚膳后各以时许补写参观访问笔记。一般旅客因晚膳后作种种消遣，深夜始睡，故不能早起。余适与相反。晚膳后不参加任何节目，甚至每星期三次之电影，亦仅参加一次。大抵晚膳后，即返卧室从事笔记，因头等舱每人独占一卧室，故不扰他人，亦不为他人所扰；九时许便休息。因之，次晨清早便起床，盥洗后，至舱面散步十余分钟，即在舱面写作。其时他人多未起床，舱面上寥寥数人，用不着招呼谈话，可以我行我素。八时左右早膳，先后听人自便，无须等候他人。早膳毕，旅客渐集舱面，于是或交谈，或消遣，从事于社交活动一二时，随后择一僻静之舱面坐位，读书时许，便闻午膳铃声。乃群集餐室，或独占一桌，或数人合坐，惟第一日晚餐与到达目的地之前夕晚餐，由船长请客，大家合坐于长餐桌上。船长就旅客中择二人坐其左右，为特客，以示尊崇。余于船抵目的地之前夕晚餐中被推为特客，以一东方人，得此殊荣，度因在船中与各国旅客交谈颇多，间接透露余之身份，否则船行第一次晚餐未尝被此殊荣，前后待遇不同，必有故也。照例最后一次之晚餐中，船长辄对旅客致词，而旅客之特客辄有一人作答。余因坐船长之右手，居特客之第一位，代表作答。义不容辞。记得余致词时，频获鼓掌，事后，同席旅客多对余颂扬措词之得当而不违幽默，盖此种宴会中，幽默实一要件也。

舟中多暇，某日与弢甫、式庵联句，题为别留美诸友，成七律一首如次：

大地环游若转篷（弢）　　今朝彼此各西东（云）

人生聚散原无定（式）　　国事蜩螗未有终（云）

且向他山勤借镜（弢）　　试看蕞土已称雄（式）

男儿壮志穷万里（云）　　努力前途破浪风（云）

又余在太平洋舟次，曾写十余韵，所述至抵美之日为

止。此次在大西洋舟次，亦因多暇，仍步原韵，续写十韵，兹
将全部二十五韵附后，其中十五韵以前为太平洋舟次所作：

片言道珍重　游子今远离
一去万千里　相聚在何时
膝前盈八九　堂上有严慈
惟伊肩重负　事蓄职兼资
送我江之上　临别故迟迟
一声鸣汽笛　握手紧相持
男儿重信约　驷马势难追
默默含情去　东西各背驰
瀛洲倏忽至　景物尽迁移
无限春光好　怕看连理枝
舟中来竹报　顷刻破愁眉
解缆乘风逸　汪洋任所之
匝旬不见岸　稳渡夏威夷
亲朋走相迓　竟日乐怡怡
从此更西指　金门瞬在兹
新邦观缔造　触目尽惊奇
五旬遍十市　处处扩闻知
大树参天立　巍峨纪念碑
夜深看瀑布　奔腾万马嘶

楼台高千仞　厂舍若星棋
文教凌先进　书城拥百陴
故人逢邂逅　促膝共论诗
流光不可驻　转瞬听歌骊
客中偏送客　惆怅不胜悲
思亲复怀旧　沧海浩无涯

　　其中大树参天立，指加厘福尼省某地，距旧金山约百余
英里之森林区，有古树号称格兰德将军者，高四百英尺，树
干近地处凿一宽大之洞，可通汽车，其直径之大可以想见。
余承西友驾车导游，往返计程一全日，又所谓夜深看瀑布，
指余曾往尼厄格拉大瀑布，夜间游览，益壮观。至故人逢
邂逅，系参观哈佛大学时，适友人吴经熊再度来此，任研究
员，其送余诗有客中偏送客之句。
　　舟行约十日，傍晚渐近陆地，据船员称系爱尔兰，其时
海面鸥鸟翱翔，益征陆地在望；盖离美航行以来，沿途天水
相连，一望无际，乍睹陆地象征，心情不免一快，口占一绝
如左：

爱尔兰边观日落
云霞蔚起透微红　鸥鸟翱翔凌半空
爱尔兰边观日落　故乡景物将无同

二 英国

　　余等所乘船于六月三日晨抵苏格兰之格拉斯哥港，赴英国之旅客即于此登陆。其往伦敦者须乘火车，约六七时可达。式庵夫人为苏格兰产，抵此后，式庵拟折往其岳家一行，弢甫亦偕往，遂与余分道，约定次日来伦敦仍相聚。余购一头等车票，登车后，独占一室，未几另一头等客入室，相与一点首。余在美闻人言，美国人爽快，见面而不相识者尽可交谈；英人矜持，非经人介绍，不能如美人之任意交谈。余以同室之旅客颇像英人，为慎重计自不便交谈。然同处一室，相对而坐，面面相觑殊不安，幸余行箧辄以书籍相随，得展读消遣，今则更不得不以全部时间读书，偶须休息，只好纵目窗外，以免两人视线相接，如是者约两时，余暗窥对坐之客，手携报纸，再三展读，久之，似亦感觉无聊。余暗忖在迢迢六七小时之行程中，余入境问俗，不能不格外矜持，彼系本土之人，如愿变更习惯，当先为之。果不出所料，在约莫半程之中，彼首先向余招呼，询余是否来自东方，其所谓东方盖不敢断言余为中国人或日本人之故。余答以来自中华民国。于是开始攀谈，滔滔不绝，其爽快程度绝不下于美国人，而态度诚挚似较一般美国人有过之。谈颇久，彼自报姓名，并言系英国下议院议员，隶工党。因出一名刺相赠，余亦报以名刺。彼知余为出版家，并兼中央研究院研究员，甚表敬重，随即与余握手。嗣车中侍役以午膳菜单进，询余等是否在车厢用膳，抑往餐车。此君遽称，即在此用膳，并询余是否愿一起用膳，并谓余为远客，彼当尽地主之谊，由彼请客。余以攀谈颇相契，情不可却，遂允之。于是相与共餐并畅谈，有如深交。午膳后未几，车抵伦敦站，我国公使馆派秘书鲍君随员孙君来接，并悉已代定旅社Russell-Hotel，于是偕鲍君等往旅社，而邂逅相逢之英国议员苏尔温（Joseph Sullvan）遂与余握手殷殷道别，并邀余得便参观英国议会，最好以晚间十时后前往，因英国议员皆另有职业，日间照常办事，下班后始出席议会，且往往晚间有应酬，故多数议员出席均在晚十时后，而重要辩论辄于午夜举行。

在英国我一共停留了十二日左右，除了到过牛津以外，全部时间都消磨在伦敦。我所访问的人物，举其要者有如左列：

（一）安文氏（Stanley Unwin）——Allen & Unwin出版公司总经理。

（二）麦美伦上尉（Captain Harold Maemillan）——英国麦美伦出版公司常务董事。

（三）迈尔博士（Dr. C. Myer）——英国国家工业心理研究所所长。

（四）贝黎氏（Milne Bailey）——工会联合会经济研

究部主任研究员。

（五）康里孚爵士（Sir Hugo Cunliffe Owen）——英美烟公司总经理。

（六）麦卡顿氏（Israel Macadam）——皇家国际事务研究所总干事。

（七）寇特司氏（Lionel Curtis）——牛津大学研究员。

（八）约翰森氏（Johnson）——牛津大学印刷厂厂长。

（九）苏希尔教授（Prof. Soothill）——牛津大学汉学教授。

（十）罗勃森教授（Prof. W. Robson）——伦敦大学政经学院经济学教授。

（十一）阿斯达勋爵（Lord Astor）。

（十二）乌维克少校（Major Irwick）——英国科学管理专家。

（十三）翟尔斯博士（Dr. Lionll Jiles）——英国博物院保藏部主任。

（十四）路斯氏（Archibodd Ross）——英美烟公司国外部主持人。

以上各人，除多数业于另文《美欧管理专家访问记》，分别叙其意见，不复赘述外，兹就与管理问题无关所接触者，就记忆所及，略述于左：

路斯氏，因曾由英美烟公司派任上海英美烟公司分厂监察，在上海尝与余有酬酢，最近调回总公司任职，余濒行，该分厂中国经理沈昆三来访，谓路斯氏在伦敦交游甚广，可任介绍。及余抵伦敦后，以电话通知，即来相访，并为介绍英美烟公司总经理康里孚爵士、寇特斯氏及阿斯达勋爵三人。康里孚爵士对管理极富经验，其意见已另见《美欧管理专家访问记》，兹不赘述，寇特斯则余于访问牛津大学时顺便晤谈，其人对国际问题甚有研究，对中国事亦甚关心，彼此交换意见仅半小时，盖因在牛津尚有他约，不便久留于此。阿斯达勋爵为一青年贵爵，经路斯之介绍，束邀余至其家茶会，届时由路斯陪同前往，陪客有皇家国际事务研究所总干事麦卡顿等数人，麦氏邀余往该所参观，余允之。约次日前往。

次日至该所，见其有关国际问题之出版物虽不甚多，然其图书馆所藏此类专著则甚多。并于所中晤见著名史学家汤恩比氏（Toynbee）。该所自第一次大战后未几，即创刊所谓*Survey of International Affairs*，每年一册，由汤恩比氏主编，余在国内曾为东方图书馆购备。今得与其主编者晤谈，甚快慰，相与谈论第一次大战后之局势，余谓战胜国方面不应对德过分压迫，应仿我国古圣遗训，以德报怨，俾消患于无形。汤氏颇以为然。

麦卡顿氏询余尚欲参观何处，彼愿为介绍。余因久耳伦敦博物院之名，表示愿往一观其收藏之东方古籍，承告主持该部者为故汉学家翟尔斯之子。经即以电话接洽，约定次日前往。

届时余独往该博物院，翟尔斯博士素知余，一见如故。凡余所欲观赏之件，无不出以相示。据称该院藏有我国最古之画与最古之书刻。前者指晋顾虎头之女史箴，计八页，余彼时对古画甚鲜研究，真伪不敢断，惟观后人所盖之鉴藏图章，特别是内府所藏之章，均甚古雅，当非伪造。鉴藏图章既真，则画之真伪至少可作百分之五十以上的判断。至所谓最古之书刻，即为我国敦煌石室所发见，多为残页之佛经，当非伪品。该院所藏虽名贵居多，然其编目方法则殊陈陋，较诸美国国会图书馆相去不可以道里计，即视余所主持之东方图书馆亦有逊色，盖其编目并未采用卡片，系以巨型之空白簿册，粘若干纸条于其上，纸条上均手写件名，如有新品，则加写一纸条补粘于适当之地位。视纸条如卡片，各簿册与各页当然分类，然同一类中，新进之品日多，势必使该类之各页容纳不下，不得已在原贴纸条上，加贴他条，重重叠叠在所不免，远不如卡片之可以随便排列。英人保守之性，于此一事，可为明证。然该院收罗之富，真是琳琅满目，美不胜收，不可以其编目之陈陋而小之也。

余在英国十余日中，虽访问接触之人物机关不少，然每处所费时间不过半日，独牛津因道远，且所访问不止一人，故消费了全日的工夫。然另有一机构为余抵英前未及考虑者，竟占了时间二日以上，那就是英国最大规模的旧书店，亦可称为全世界最大者，即所谓霍里书店——Foyle Book Store。使馆主事曹君系门人李伯嘉执教中国公学时之学生，性好聚书，对霍里最熟识，偶述及该书店搜罗新旧书籍期刊之丰富，索价之低廉，使平素爱书如余者食指大动，因属曹导往参观，一经接触，深觉名不虚传，五光十色，新旧并陈，使余不忍离去。第一日消费了半天，第二日清早前往，午间与曹君在该书店近邻小食店果腹后，复返而参观，直至傍晚始离去。隔一日复往，亦费去大半日。总计，我所选购之书籍，除美国出版在美业已绝版不易购者，于此竟发见并以廉价购到外，对于整部名贵旧杂志，经余在此购得者有 *Philosophical Review* 及 *China Repository* 全分，虽索价颇高，以全分最难得，遂为东方图书馆购置，与该书店商定，径运上海。此外我自己还购得几种古本书，以为纪念，其中有十六世纪开头所印之拉丁文圣经及牛顿所著 *Principia* 之十七世纪抄本。

某日，余决往牛津一游，首先拟参观牛津大学出版部附设之印刷厂，次则访问老友苏希尔教授，然后顺便与寇特斯一谈。牛津大学出版部夙与商务印书馆附设之西书部有往来，余行前由西书部通知，得复极表欢迎。故余于决来牛津前，先与该印刷厂约定，派人来伦敦陪同前往。由厂长约翰森亲自招待，导观各部分，布置整整有条，不下于美国最新式之工厂。该厂长自言，首先从布置着手改善，其谈话另见

《美欧管理专家访问记》文内，兹不复述。及目击其工厂布置，则认为名与实确相符也。参观既毕，由该厂派人驾车送余至苏希尔教授寓所。教授留居我国多年，任教于山西大学，对商务印书馆系老主顾，自余发明四角号码检字法后，来函备极赞扬，时相通信。及东方图书馆开幕，教授适经上海返国任教，顺便参观，目击东方图书馆之分类编目均依照余之中外图书统一分类法及四角号码检字法，尤感觉百闻不如一见。

苏教授彼时年将七十，与其夫人及寡居之女Lady Hosie均在寓接待余，把晤之下，互道阔别。旋导余至其研究室及中文部参观，所藏我国图书不少，并有余主编之《万有文库》初集二千册陈列架上，据言学生对该文库极感兴趣，惜余即日须返伦敦，如能多留一日，甚愿对诸生作一次之讲演。旋邀余返家，共进午膳，膳毕稍休息，余即暂离苏教授家，如约访寇特斯氏，畅谈约半小时，多关于世界大势及中国前途。兴辞后，仍返苏教授家，续留时许，已届下午四时左右，开返伦敦之火车亦将启行。于是由苏教授亲自驾车，偕其女送余至车站，握手殷殷道别，余即登车开行返伦敦。此即余在牛津逗留一日之节目也。

一日余稍暇，而弢甫、式庵约定参观伦敦地下铁道，邀余偕往。比至由该公司秘书某氏招待。说明大概后，相偕赴地下车站参观，并乘车至另一站，下车后折返原站，余觉此在形式与运用上与美国无别。但有一事颇引余注意。余在纽约乘地下火车时，见车站上均竖有公告牌，声言，凡在站上或车上吐痰者，得处以六个月以下之有期徒刑，或并科一千元以下之罚金。余颇觉其立法之严，然站上或车上仍不免有吐痰迹象，足见行法之不易。今观伦敦地下火车或车站并无此项公告牌，然站上车上均较纽约为清洁，简直看不见有痰迹。余因询该秘书，是否有更严之罚则，顾何以未见公开揭帖。据答称：英人对一切法律规定，皆铭诸脑髓，用不着公告醒目，实则英国之禁例罚则并不更严于美国云。

离伦敦以前，余认为有一参观英国议会之必要，弢甫、式庵亦愿偕往。乃依照苏尔温议员之嘱，于晚膳后九时前往旁听，至则议员与旁听者均无多。候至十一时议员出席渐多，旁听者亦随而加多，其时苏尔温议员亦出席，瞥见旁听席中有东方人士数人，熟视知有余在内，遂来旁听席招呼，寒暄后彼因某案已提出，须予注意，乃握手道别，仍返议席，余平素早睡，不能久留，遂于十一时许离议场，返旅社休息。

在结束本文之前，应一述我国使馆。时我国公使为施植之君。余对施君向未谋面，且未带介绍函，因离美前，由郭秉文君电请派员相接，除派员至车站外，并于某日邀约午饭，畅谈良久，态度诚恳。

离英前，须订定返国船位，经向Thomas Cook接洽，船期最适于余者为八月十日前后开往远东之日本邮船诹访号。

即于此教堂内在教皇庇护七世面前加冕，即法兰西帝位。余等参观教堂内部，见有若干僧侣跪着手写拉丁文圣经，其篇幅极大。

又巴黎国立图书馆，规模亦甚大，藏书之富虽不及华盛顿国会图书馆，然所藏书多古色古香，与美国图书馆大异其趣。

四　瑞士

瑞士这个欧洲的花园国家，我逗留了一共不满一星期，已经写过一篇《瑞士旧游新感》为题的文字。现在尽力避免重复叙述，仅就该文略而不详者予以补述。那就是关于日内瓦的游记。日内瓦并不是瑞士的首都，事实上却好像是全世界的首都，至少是在联合国成立以前的世界上。因为国际联合会的会所建筑在日内瓦，每次国际联合会的会议都在这里举行，各国代表咸集于此。所谓全世界的首都，自从第一次大战结束后，以迄第二次大战开始前，日内瓦实受之而无愧。而且即使在第一次大战结束以前，即国际联合会成立以前，日内瓦也常被选定为国际会议的地址；甚至第二次大战结束以后，即联合国成立以后，日内瓦也仍被选定为若干国际会议的地址。这不仅因为瑞士是永久中立国家，而且因为它的景色宜人，交通也极方便之故。

我到过瑞士的祖列治及湖间镇，是专为游览而来，但我到日内瓦，却于游览之目的外，还附带了一些公务。

事情是这样的，我国是加入国际劳工会议的一个国家，而国际劳工会议举行年会之时，我国按照参加国际劳工会议各国之通例，应派代表三人出席，分别代表政府劳方和资方，并得分别聘定顾问各一人。那一年出席国际劳工会议的代表，政府方面为我的老朋友朱懋澄，他是实业部的劳工司司长。劳工代表为方觉慧，资方代表为吴清泰。懋澄因知我此时到欧洲，且有游瑞士之意，乃电请政府聘我为政府代表的顾问。我正关心于劳工问题，既有这个机会，得与各国代表中对此问题有研究者接触，固亦所愿。因此，便应允趁便参加，但以仅留数日为条件。

我行抵日内瓦车站之际，懋澄偕我国驻瑞士公使吴凯声来接，并已为准备居处，系与懋澄同一旅社。凯声本所素识，其驻节本在瑞士首都白尔（Berne），惟白尔虽为政府所在，其地位远不如日内瓦之重要，故各国使节为协助本国代表参加之国际会议，不时前来日内瓦。闻一岁之中留白尔时日与来日内瓦之时日几相等。

余既为担任政府代表之顾问而来，而政府代表朱懋澄又系老友，首先当然谈谈会议情形，并偕同出席一二次，实则顾问之地位出席会议时仅系旁听，然此为余出席国际会议之第一次，亦殊值纪念也。会议中除开大会二三次外，余即为分组审查会，短期出席如余者自无需参加，因之出席之时日无多，且往往上午开大会，下午即为审查会，甚或休会，于是凯声力请尽其地主之谊，招待游览，懋澄及我国其他代表得暇亦辄偕行。

首先是乘轮渡游日内瓦湖，轮渡甚大，有如我国之长江轮船，环游一周，湖光景色，处处宜人。是日适值瑞士之航空节，举行航空表演，即以湖上为中心，作种种飞行式，上下咸宜，俯仰自在，技术可谓超绝。余在国内向不愿趁热闹，偶然有航空表演都未参观。此次一面游湖，一面仰观飞行表演，真有如乡下人入城市，眼所接触，无不样样称奇，然以常识判断，在此飞行尚属初期，有此技巧，亦算得是难能可贵矣。舟行至湖之某处，暂泊听游客步登小山，山上有富于历史性之建筑物，任人登临远眺，尤为壮观。

又一日，凯声邀游勒伯朗峰及安息湖，为距离日内瓦不远之风景区，汽车可登山，山上有湖，名安息。山色湖光相映，尤使人心旷神怡。偕游者，除凯声外，有方子樵（觉慧）、吴清泰两代表。余兴之所至，占七律一首如次：

> 绿茵轻洒净无尘　云树沧茫寄此身
> 昨日振衣凌紫阁　今朝联袂觅芳津
> 湖山览胜逢佳节　邦国追怀蔓棘榛
> 世外桃源无限好　忍抛庐墓任沉沦

瑞士为一乐土，故政府提倡娱乐，每年节日甚多。昨日为航空节，甫隔一宿，今日又为某诗人纪念节。所过时闻爆竹声，询之凯声，以佳节告。游次清泰兴趣尤浓，对此世外桃源，几有此间乐不思蜀之概，余咏此聊以志感，非敢评骘他人也。

　　某日凯声、懋澄偕游玉女峰，峰甚高，可乘火车盘旋而上，与余在《瑞士旧游新感》文内所记之少女峰相似而较低。山下气候颇热，有如夏令，登山寒甚，有如冬季，傍晚下山，气候转凉，有如春，故余亦以七绝一首志之：

　　　　层峦秀色最堪餐　　百景撩人意自闲
　　　　一日四时春冬夏　　秋风落叶独阑珊

　　末句秋风落系指火车行至中途，既不如山顶之冬寒气候，又不若山下之春夏气候，睹落叶而知秋意，故有一日四时之感也。

　　总之，在留瑞士的短时期内，可谓饱餐景色。假使有人问我，瑞士究有什么美中不足之处，余的答案当是世界各重要国家境内，无不有中国餐馆，瑞士独赋阙如。特别是我的怪脾气，对于西餐殊不合口味，因此在出国期内，一有机会，无不设法改食中菜；此在美英法等国，均毫无困难，瑞士独为例外。幸而凯声备中国厨司，可供尝试，因此当我留在日内瓦的三四日内，至少有三次以上是由凯声邀请吃中国饭菜的。

离日内瓦以后，我便前往祖列治与湖间镇游览，因另有所记，不复赘述。

五 德国

就残存日记所载，我留德时期系从七月十一至七月廿七日。我访问的德国都市共四处，即柏林、莱比锡、慕尼赫与汉堡。我来德考察之目标在目击德国战败后艰苦奋斗，以策复兴的实况。我所观察研究的对象，包括实业、文化、建设、社会种种。事过境迁，相隔不下三十年，由于纪录全毁，现在只能就脑里模糊印象，极力使它们显露出来。兹就所到各地分别追忆补述如次：

甲 柏林

余至德国，虽有使馆可以接洽参观，然大部分日程均由德国远东协会总干事林第博士（Dr. Max Linde）代为排定。首先从使馆人员及先我而来接洽业务之黄伯樵君获得德国战后从事复兴之努力梗概。其时希特勒上台未久，极力为战败之德人鼓舞精神，遇事振作，力反失败主义。德人原系一发扬蹈厉之民族，骤经失败，由战胜国予于种种之约束，实际上无异失去独立之资格。希特勒以一不学无术之平民，崛起于褐衫党之中，在理文化水准甚高之民族本不愿受其领导，但因在乍失自尊心之民族中，有人以极力提倡自尊的幌子为号召，则急不择食亦属当然。据我国留德人员的观感，希特勒在此时之德国颇得民心，为人望所寄。余姑听之，而不愿遽信其然；为欲一穷究竟，故遇事辄加留意，以为自小事察微可以知着，较诸从其表面上之设施予以断定者似更可靠。

余之访问日程，最先者为全国经济委员会，其总机关就是实业合理化的大本营。据其总干事沙发氏（Otto Schaffe）语余："德国自行实业合理化以后，不但没有使失业的人数增多，且使就业的人增加了四百五十万；因为在欧战以前，德国有一千八百万的工人，但目前已就业者总数增至二千二百五十万，比前增加了四百五十万。原来欧战后德国丧失了不少的领土，各该地区人民纷纷迁回国内，因此增加要求职业的工人约六百万。又战前德国有常备军七十五万，现依战后和约只准保存十万，因此又多出了要求职业的工人六十五万。此外因为兵工厂停开而另求职业的工人也有几十万。照这样计算起来，德国战后骤然比战前增加了七百多万的工人，现因实行合理化，产业振兴，获有职业的人已加多了四百五十万，虽仍剩下三百万人没有工作，但已可说是合理化的成效大著了。"他还告诉我说："现在正极力想法使这些失业的人都能够获得职业，不过他们目前最困苦的一个问题，就是在大量生产达到目的之后，极力注意大量分配问题。"

我的次一位访问对象就是穆特教授，据其表示对于合理化方法的意见，已详《美欧管理专家访问记》，兹不复述。

林第博士某日告余，德国因战败后，常备军被迫减至十万人之限度。在此强迫订定之国际条约下，德人无法变更。惟政府领袖认为一个独立的国家必须有自卫之能力，以德国国土之广大，十万常备军断然不敷保卫。因此政府的教育方针特别注重体育，使青年养成坚强的体魄，并接受短期非正式的军训，俾在可能的时机，参加保卫国土之任务。德人当然不再从事侵略，但保卫国土之权利，各国是不应拒绝德人的。其言下隐然有重整军备之意。嗣余与黄伯樵谈及此事。彼原系德国留学生，最近因公来德已有相当时日，对德国现势甚为熟识。据称，近年德人对于体育特别提倡，不仅在学校如是，在一般社会亦莫不如是。试看街边空场，一日中有大部分时间为市民利用，以从事于体育运动。其目的无非以坚强的体力为基本，并随时藉体育之掩护，施以军事训练。一旦有事，只须供以枪械，立可成为士兵，至民间练习射击亦极普遍，其意盖仿瑞士平时常备兵极少，一旦有事，人人皆可成为士兵。余闻此言，每次外出，特别注视街道中的空场情形，认为伯樵之言，丝毫不爽。

余因是忆及日前出席国劳大会中，曾听到德国劳工代表报告，谓德国工人鉴于战后国家处境之困难，与增进生产之必要，经总工会决议自动放弃罢工，尽力与资方合作，如有不能调协之意见，则听任政府或社会人士之仲裁。又称，为赞助政府在战后增加生产之政策，对于每日工作时间，不坚持八小时，惟为协助国家解决失业问题，非必要时亦不便延长工时，俾使失业者有就业之机会。余彼时听此报告，尚将信将疑，证诸数日来在此之见闻，始信其非伪，因乘便请林第博士介绍总工会主持人晤谈。经一一询问，均作肯定之表示，乃益信其然。

一日馆员某君来访，闲谈此间习惯。据称楼上居人在浴室入浴时，须将百叶窗或帘幕垂下，否则隔街对峙之楼上居人，见对过浴室内有人裸浴，可报警予于处罚；又路人见他人吐痰时，亦往往向警察举发，予于违警处分。此种事在各人自扫门前雪，勿管他人瓦上霜之我国传统下，纵能律己加严，多不愿干涉他人，使之受罚。只有德人独异。他们认为人人有维持公众利益之义务，对于违反公益之人不宜轻轻放过。由此推想，则对其国家加以侮辱者，其反抗与报复之强烈自不待言。

余因思对于这样一个民族，战胜国家如不善为自处，终有一日必爆发而为激烈之报复行动，殆可断言。一日黎明起床，就连日见闻所及，心以为危，顺笔写成如左之七律一首：

游德偶感

凯撒当年着战功　风光景物尚从同

烬余收拾商量苦　善后输将罗掘穷

解甲健儿犹抚髀　枕戈民族倍勤工

十年生聚十年教　待与群雄逐上风

真想不到，在相距不满十年以内我的预言不幸完全实现，酿成一九三九年第二次的世界大战。

在柏林，我曾参观柏林大学、柏林工业大学、国家图书馆及动物馆。其中特别值得一记者，即动物园内豢有出生甫四个月的幼狮，据管理人说，可以抱在身上还不致咬人，但到了五个月便不敢必其不咬人。我笑谓同游之程、刘诸君，谁愿一试。大家面面相觑，我便率先把这幼狮抱起来，觉得重量至少五六十磅。当时某君还替我摄了一张照片，可惜现在已不存在了。

乙　莱比锡

莱比锡在柏林西南约一百十英里，系萨桑尼邦之一城市，以印制书籍之中心著称于世，不时举行展览会，除印刷品外，有毛皮、革制品、纺织品、玻璃制品等。该地有莱比锡大学，创立于十五世纪，设有印刷术科，为举世所著称。余在美国获悉有一中国学生在美国读毕硕士后，转来该大学研究印刷术，其人名赖彦于，系四川籍。余在美考察之结果，决计为商务印书馆设立一个研究所，经在美国聘定各科留学生潘光迥、孔士谔、赵锡禹、殷明禄、周自忠、关锡麟等，返国任研究员，诸人分别专攻商业、工厂管理、会计、成本会计等，独于研习印刷术者阙如。经孔士谔等推荐彦于，余抵柏林后，即与约定日内至莱比锡时晤谈。故余一抵彼处，即来接洽，畅谈许久，因告以余拟为商务印书馆设研究所之意，请其考虑愿否相助。彦于事前已得士谔函告大意，并知士谔等留美同学若干人被聘加入，遂欣然承诺。

该市既以印刷为全德国中心，印刷又为出版之主要工具，于是其出版事业遂亦成为德国各城市之冠。同时该市又有著名之大学。出版事业与大学校遂联合吸引许多大学者来此。现时无论矣，以历史上鼎鼎大名之学者言，如歌德，如费特，如席拉，如里布尼兹与盖拉特等，都是被吸引来此居住之人，因此使该市成为德国文化中心之一。该市也就拥有许多著名博物院和图书馆。

该市除每年举行多次之展览会外，书籍之展览则于书业公会中终年举行，余由彦于导往参观，其展览场虽不甚大，然出版物分门别类，无不有代表作陈列；此外并将各项印刷技术，包括种种装钉方式，从历史之演进，予以展览，使参观者有如上了有关西方印刷术之一课。

其后又由彦于导观其所肄业之莱比锡大学校，并介绍与印刷主任教授一谈。该教授知余为远东最大出版家主持人，极表欢迎，并与余谈中国古代之印刷术发展，彼此交谈时许，始兴辞。

该市建筑物中，有一极富意义之国际战争纪念碑，系纪念一八一三年联合击败拿破仑之史实。一代英雄之拿破仑卒困死于孤岛，与喧赫一代之威廉二世流亡海外，今之视昔，何异后之视今，为之一叹。

丙　慕尼赫

慕尼赫是全德国第三大城市，是交通、文化、商业与工业中心，是巴伐里亚邦的首府，位于多脑河与法国南部边境的中间线。

第一次大战后，一九二三年希特勒的皮酒堂事件即发生于此地，因此慕尼赫便成为纳粹运动的大本营。纳粹党人在此竖立了若干特殊建筑物，以尊崇该党及其党员。后来，英、法、德、美四国在此订立举世注视的《慕尼赫协定》，把捷克的苏台登地区归并于德国，造成第二次世界大战因素之一。

在第二次世界大战以前，该地拥有世界上最佳之博物院与艺术工业的展览场。其中称为德国科学技术博物院者，对于科学与技术的展览设备最为完备。余尝以全日参观其各部分，真是五光十色，美不胜收。世界上最新奇发明品无不在此展览。例如电视在今日的西方国家已成为家常便饭者，在三十年前仅在萌芽阶段，然该院已有小型的设备，可资探讨。又如电力传真，在今日毫不足奇，在彼时亦成奇观，但该院亦有设备，可供实验。他如其中的天象室，布置得像天体的雏形。其他一切均极逼真，实在是一个极好的科学技术实验室。

丁　汉堡

汉堡在第二次世界大战以前是世界第三大港口，其位置仅次于伦敦与纽约。在德意志联邦内，它是首要的海港，第二个最大城市，并为汉堡这个小邦的首府。在第一次大战前，汉堡的对外贸易，靠着航业大王波连氏（Alberl Ballin）的力量已经大大发展，然第一次大战发生后，因遭受敌国的封锁，其对外贸易几全部摧毁。及一九一八年十一月，德帝国舰队的若干水兵与社会主义党人及共产党人联合在此发动革命。一九二三年十月，共产党人又起而反抗威马共和政府。其后纠纷时起，益以经济恐慌，工商业均大衰落。嗣经纳粹政府接管，积极整顿，始复臻于繁荣。

此处有一新办的大学，虽历史不久，却设有一个汉文部，其主任为Prof.Fritz Jaeger教授，我抵此后，曾一访问，规模尚不足观，惟进行颇为积极。

此处工业最大者当推造船业与航业，其次则为化学工业。有一著名化工公司，名为Carlowitz Co.在我国上海设有礼和洋行为其代表，营业极为发达，分行及代理处广布于我国各地。余离国前礼和洋行知余将访德国，特为介绍，故抵此后，该公司主持人Dr.Nolli先来访，并约同参观其工厂，招待极诚恳。该公司因在中国有广大营业，故其主持人协同德国关心中国之人士发起组织中德协会，我抵此时，并由该协会发起欢迎餐叙。后来东方图书馆因"一二八"之役全毁，民国二十二年后，我准备复兴东方图书馆，该协会即在德国发起募集大批名贵图书捐赠于东方图书馆复兴委员会。

汉堡最使人感觉有兴趣之一事，便是这里的市立动物园，其内部布置一切仿效天然，狮子老虎及一切猛兽都不是关在槛内，而让其自由走动，乍看好像狮虎鹿羊同在一个山坡上自由行动。细看则以宽大的人工水沟相隔，可望而不可即。至对于毒蛇则为布置一适应其生息的天然场地，而四周围以玻璃壁，人可内望，蛇不能外出。余就玻璃壁观览，其内各蛇咸行动自由。骤见一蛇以尾尖插入石隙，然后以身绕石一周，突然间用力一抖，则其头部已脱壳寸许。于是导游者亟告余，此为蛇脱壳之象，是游人不容易见到的。余之好奇心为之鼓动，乃注视其继续行动，见每隔数分钟，辄用力一抖，续将其壳皮脱出寸许，继续若干次，复绕石一周，如前进行。前后共绕石数周，全壳卒告脱出，余费时约一小时以上，始完成此一种意外之观察。

六 比利时

我之访问比利时，其动机有二：一是弢甫、式庵对于比国之工矿业极有兴趣，决计前往，询余愿否偕行；二则余在日内瓦与国际管理学会总干事乌维克少校（曾在英国晤谈）会晤时，谈及采行科学管理有效诸国，彼并举比利时以告。由于所费时日无多，遂决意参加。

比利时原为欧洲中立国之一，与瑞士相同。第一次大战时瑞士幸免牵入漩涡，比利时却遭德国侵入，破坏其中立。由于不及抵御，且无抵御之力，故虽被德军占领，却未成为战场。停战后，德军退出，以比人建设之能力，恢复原状甚速。

余等先至其首都布鲁塞尔。我国设有公使馆。彼时仅有代办刘君与馆员一二人，局面甚小。布鲁塞尔虽亦有不少工业，但多为轻工业，规模亦不能与列日治之重工业相比。余与程君等均不拟参观。惟比国文物咸集中于布鲁塞尔，其中尤以佛林米西之古代名画为最著。因相偕参观其博物院，收藏之丰富，保存之完善，咸足称道。是日余暇，则偕同参观其著名之建筑物。此间亦有圣母教堂，虽不如巴黎之大，而建筑与装饰之精殆不相上下。

是晚刘代办邀请在使馆便餐。比至则一切菜肴皆由刘代办自己动手制作，真使我们不安。但由于此间未设有中国菜馆，使馆又没有好的厨司，刘代办自己擅长烹饪，偶一献技，我们除特别道谢之外，也就乐于享受。

次早我们乘火车往列日治，此地以人口计虽仅为比国的第四大城，然以其盛产煤铁，工业发达实冠于全国。除矿业

筑沙田相若，不过这里几乎一切都利用机器，故艰巨工程终可达成耳。

闻使馆张君言，荷兰之Rotterdam港我国侨民颇多，大都系船员。故我国曾在该地设有领事馆一所。

八　意大利

我访问意大利，当然是以原定的归舟日本邮船诹访号，系从意大利之那普尔港启行，必须来此登舟，但我来意大利还有若干附带目标：一则罗马为世界名城，且系罗马帝国发源地，允宜瞻仰；二则那普尔附近的邦比（Pompeii）废城埋没千余年后，近经全部发掘，重复出现于地面，值得一凭吊；三则在德国时听说意大利自莫索里尼执政后，一切改观，亦颇欲一证其言之确否；四则顺便参观天主教教廷，一瞻其规制。

我既有此必要，又有附带目标，遂决定于访问上述各国之后，消磨二三日光阴于意大利。意大利本设有我国公使馆，因馆务无多，公使系兼任，驻馆办事的只有代办及馆员二人。我们车抵罗马，全体馆员来站相迓。安顿后，即往使馆一视馆屋，虽规模不大，较驻法使馆之与平民合住者尚较适宜。代办某君出国十余年，实职仅为一等秘书，国内近情多所隔阂，然对驻在国情形则极为熟识。当地古迹，教廷规制，固如数家珍；即于意大利新政府之种种措施，亦了若观火。

我们由代办驱车导游古迹，触目皆是。在他国要访一古迹，可能要走得很远，而且多在郊外，或散在各地。在罗马却迥不相同，城内郊外，随处都有古迹，甚至所住的地方，一出门便可见古迹。我们有了这位熟识当地情形的代办导游，更可以极短时间，看到极多的古迹，不像外行的人往往会把真正的古迹在眼前错过。由于罗马古迹之多，使我记不胜记，索性一律从略。

其次我们便到教廷游览。教廷即坐落在罗马城的中心，面积仅当一〇九英亩，然依一九二九年，即我来此之前一年，所谓拉达连（Lateran）条约，构成一个独立的主权国家，称为教廷（Vatican），其中括有教廷宫，即教皇之官式居所，及圣彼得大礼拜堂与广场，而著名之教廷图书馆亦在内。境内居民约一千左右，由教皇派一非教职人员为长官管理之，并设一咨询性的议会，其议员系派任。余等参观教廷图书馆，见所藏名贵古本，特别是手钞本极多，琳琅满目，美不胜收。

余等在罗马逗留一日有奇，即乘火车前往那普尔。此为意大利重要海港，位于那普尔湾上，距罗马东南约一五〇英里。其附近有维苏韦火山，现在已不喷火，惟不时有白烟发出，举世知名之邦比古城即位于山脚。

邦比古城在那普尔西南十三英里，在公元六十三年遭遇大地震，毁损甚大。及公元七九年维苏韦火山突然大爆发，喷出之大量熔石完全将邦比城埋没。自从一七四八年发掘之工作开始，卒将千余年前埋没之全城掘出。所有房屋器物悉照被埋没时之原状保存，任人观览。从大体观察，该城有四个城门，城门内分辟八条街道，把全城分为九区。其中有所谓Forum为行政区及商业区所在。就较完好的房屋墙壁观之，发见尚存许多壁画，又壁上间亦刻有希腊古哲的格言，以及罗马文学家的诗句。每一十字路口，不仅备有喷泉，而且还设有祭坛。又神庙甚多，因其建筑较坚固，埋没约二千年发掘后多较完整。总之，从这一个死城，考古学家可藉此研究而证实约莫二千年前这里的风俗习惯，考古之士多从古墓搜集资料；但邦比大城是一个庞大的古墓，不仅有数千人同时活理于此，而且连全城的房屋街道及一切器物同时殉葬。今经发掘，使死城重新出现于地面，不仅任人凭吊，且供人作深刻的考古研究，对于学术上之意义实最远大。稍暇当别为专文记述之。

我参观过邦比后，不久即折返那普尔，登舟航行归国，于是我这次经历九国的考察，便由此结束。

九 归途琐记

有如上文所说，我归国所乘的船已在伦敦定妥，为日本邮船诹访号（Suwa Maru）。该船系在八月十日前后自那普尔启行，于九月九日到达上海。航程比一个月略减数日。

航线是由意大利越地中海，至埃及之波赛，经苏彝士运河，出红海，入印度洋，经东南亚海峡而至上海。

邮船乘客无多，欧亚人约半。欧人方面有一六十余岁之英人，系英政府统计局长，与余畅谈甚相得，其余多为商人。亚洲人方面除日本人若干及留欧学生数人学成归国外，有暹罗人数名，其一为留法毕业青年，与余讨论中暹两国国情甚详。船长大副等均为日人，因余与程、刘二人均在我国有相当地位，自始即甚尊重。记得航行第一次晚餐，照例由船长请客，以余居首席，英统计局长居次席；程刘二君分占第三四席。嗣后虽自由散坐，辄得当与余等攀谈，间亦加入我等三人共占之食桌，相与叙谈。且有几个下午饮茶之时，特邀余等至船长室茶叙。其他旅客，见船长对余等如是尊重，亦多自动前来攀谈，因此，船中甚不寂寞。

航行之最初数日，系在地中海面，虽汪洋一片，无殊大洋，然间亦岛屿在望，或远或近，与大洋之多日不见陆地者有别。余少时读西洋史，深觉地中海为西方世界之舞台，数千年之兴亡陈迹皆出现于其涯岸。今躬历此富有历史意义之大海，不禁有怀古之念。又在地中海上航行，辄使人极目远眺，期发见有何岛屿呈露于眼帘，与在大洋上航行，除预知某日可以到达某地外，平日绝不存陆地之想象。余每日清早起床，先至舱面散步，在地中海上辄远眺有无岛屿在望。某日晨曦初见，远山突现，翠黛千层，殊感兴趣，因即口占一绝如次：

地中海上早起

晨曦着顶露微光　翠黛千层巧样妆

地中海上看山色　最是黎明意味长

不数日，船抵埃及境内的波赛（Port Said），此为苏彝士运河之北端。在此停泊七八时，即开入苏彝士运河，南行通入红海，再转入印度洋。由于此去有长程之航行，不得不在此加煤，以供远行之需。在此停泊时，旅客有愿乘时一游埃及首都开罗者，可雇汽车前往。余以时促不能多游，不如仍留船上。结果船中旅客竟无一人前往。盖此行往返汽车所费不少，如非结伴偕行，既嫌耗费过多，亦乏兴趣。事后，某德籍旅客语余，谓渠本有意一游开罗，以余在船中夙起带头作用，且同伴三人，分担费用，亦可较轻。彼见余尚无往游之表示，故不便启齿，若知余有意前往，彼定愿附骥云云。余告以我国夙有"留有余地步"的成语，意谓今日不为，非不为，为留待他日也。其后余于第二次大战时访英归途，并折往中东三国，其往还无不以开罗为枢纽，是则所谓留余地之言验矣。

船泊波赛之数小时内，埃及小贩纷纷登船，以伪称古物或土制零物求售，其索价比之我国所谓"朝天开价，着地还钱"尤大有过之。其兜售物品之时，在讨价还价中，辄用赌咒方式，以坚人信，例如说此物购入原价为若干，现在仅加上小许微利，如照所还之价，势必亏本若干；设有虚言，不得善终。甚至说，如有虚语，天神罚我今日不得安全返家。像此种无赖之言，无一小贩不是冲口而出，说过不知多少次。船上大副日人对我说：这是东方民族的一种恶习，只有日本是例外。后来一想到我也是东方人，迅即改口说，只有远东中日两国人民具有高度文化传统，故成为例外。我轻轻一笑，盖深知日人之自大，却又善于鉴貌辨色，立即自行修正其言也。

　　是日傍晚，邮船启碇，开入苏彝士运河。该运河系从波赛通至苏彝士之一条人工水道，藉使地中海与红海贯通，构成从欧洲通至东方之最短捷径。其开筑计划与特准权原为法国工程师而兼外交家之赖索士（Ferdiniand de Lesseps）所订定与获得，于是以法国人发起之苏彝士运河公司便于一八五八年成立，以执行赖索氏之原计划。一八六九年运河落成开放；一八七五年英国首相第萨里从土耳其的埃及总督手上为英人以四百万镑购取该公司一七六，六○二股。及一八八八年君士旦丁堡的国际会议，决将该运河开放于一切国家。运河现在的长度为一○四英里，宽度最低为一九七英

馆厂经理厂长等多上船迎迓，余以停留时间甚促，不及登陆视察，相与在船上谈馆厂情形，并及上海总馆近息。至启程前片刻，始道别登岸。

自香港至上海，航程仅二日，抵上海之前一日，船长准备中国纸，晤请余为题词纪念，因书途中所作诗一二畀之。晚间更以丰盛之中国菜肴为余饯别。

次日，即九月九日，我便安抵上海。回家，首先见到两老无恙，愉快万分；嗣悉女儿鹤仪于余出国后，患小儿麻痹，延医调治，经数月，手足稍能活动，仍不良于行，此则愉快中渗入不愉快者也。

（一九五九年五月在台北市补记，未发表）

两年的苦斗

　　本文是以我个人的立场，叙述商务印书馆自民国二十一年一月二十九日遭日军炸毁，以迄现在约莫两个年头的经过情形。这时期中，商务印书馆的经历最苦，而其奋斗也最力；结果便从一堆余烬中，造成一个新的局面。我个人在这时期的商务印书馆中，总算是一个极有关系的人；因此商务印书馆所受的苦，我也一一尝过；而且因为自然人是有情绪的，其所感觉的苦，当然远在法人之上；又因为自然人是活动的，在奋斗过程中，所出的气力也比法人更为具体化。即如去年三月至七八月间，我为着解决商务印书馆的人事纠纷，受了旧同人方面很剧烈的攻击；后来又因为有些股东不很明白真相，以为我对于旧同人既能以公司的巨款接济，而于股东的利益却未能兼顾；因此也有对我深表不满的。我记得在那时期中胡适之先生从北平寄给我一封信，其中有一段说："南中人来，言先生须发皆白，而仍不见谅于人！"这真可以表现当时的景象。现在商务印书馆表面上渐复旧观，而且有许多事件反较遭难以前有进步。从前攻击我最烈的一部分旧同人，也不分畛域，重新进用，与我携手同为商务印书馆致力；而一般股东对于我的举措，似乎也较能谅解。甚至本年三月间，商务印书馆股东会中，并承主席提议，在场股东赞成，向我表示谢意。这真是使我受宠若惊。同时有许多关心和同情于商务印书馆的人士，见其复兴很速，往往过度的归功于我，也使我受之有愧。总之，我从前种种挨骂，不见得因为该骂；后来受人恭维，也未必值得恭维。或者从前骂得过分些，后来也就不免恭维得过分些。依同一理由，现在如果受着过分的恭维，将来或者还不免过分的挨骂，这都是意中事。我以为一个人要想做事，不独要吃得苦，还须要脸皮厚；不过那副厚脸皮以外，须有一个良心和它陪衬才好。

我在这叙述中，因为要适应东方杂志社的要求，作为我的自传之一片段，便不免夹着许多主观的话。又因为在百忙中随意写下去，措词未能谨严；往往把公司的事，过分的加重个人的色彩；又有时把个人的意见，过分的作为公家的决定。这是要商务印书馆的前辈和一般读者加以原谅的。

接着我便要揭开这两年苦斗记的幕了。幕的背后表现着散布在将及百亩地方的工厂和货栈，完全付诸一炬；数千职工都感着失所和失业的痛苦；千数百股东都忧虑着血本的无着；千百万等待着供给读物的人们，都太息着丧失了供给之源，其中一部分的人从前不甚满意于这个被毁的机关，现在却都变更态度，一致表示同情。这时候上海四马路一间事务室内，挤满了无数喧嚷和哀泣的人们，或要求救济，或询问将来办法。但是这种喧嚷和哀泣的声音，总掩不住十里外传来的枪炮声，尤其是炸弹声。室内有一个终夜未曾合眼的人，一方面应付这许多的要求和呼吁，一方面倾听外间的枪炮和炸弹声，一方面内心正在打算，趁此摆脱一切，以谋一己的安逸和一家的安全呢？或是负起一切责任，不顾艰苦危险，不计成败利钝，和恶劣的环境奋斗，以谋打出一条生路呢？结果他竟然下了最大的决心，他虽然在这个机关只是一个极小的股东，他和这个机关的关系也不过十年，比诸许多同事们毕竟还是后进。他如果趁此卸责，或者尚不至有人责备他，同时他还有八十多岁的老父，将及八十岁的老母，以及尚在提抱的幼儿；他明知肩负这种责任，可以陷他于极度的危险，使其全家老幼失所倚赖。但是他一转念，敌人把我打倒，我不力图再起，这是一个怯弱者。他又念，一倒便不会翻身，适足以暴露民族的弱点，自命为文化事业的机关尚且如此，更足为民族之耻。此外他又想起，这个机关三十几年来对于文化教育的贡献不为不大；如果一旦消灭，而且继起者无人，将陷读书界于饥馑。凡此种种想念，都使他的决心益加巩固。他明知前途很危险，但是他被战场的血兴奋了，而不觉其危险。他明知前途很困难，但是他平昔认为应付困难便是最大的兴趣；解决困难也就是最优的奖励。

以上一段话，恰好代表民国二十一年一月二十九日商务印书馆遭难后第一日的情形，和我个人的心境。这种心境，经过二十九那天通夜的继续思考而益坚决。于是我个人两年来的苦斗史便由此一念而起。

在这约莫两年的时期，假使我能够养成做日记的习惯，可记的事真是太多。现在事后追忆，而且在百忙之中，自然是挂一漏万的了。姑就记忆所及，概括为下列的几项：

（一）人事纠纷的解除；

（二）复兴的筹备；

（三）复兴后的人事问题；

（四）复兴后的生产问题；

（五）复兴后的编辑计划。

第一，人事纠纷的解除。商务印书馆上海各机构原有职工三千七百余人，其中一大部分住居闸北，战事发生时，不独多年倚为生活的商务印书馆总厂完全被毁，甚至室家财物也多同罹此劫。除少数向来住在租界的安全地带者外，其余都从闸北或闸北附近逃出来，有些还算把细软的东西随身带着，有些简直是身外无长物。他们除了少数有亲友住在租界者外，大都靠当时寸金寸土的旅馆做安身处；但是寸金寸土的安身处不是不名一文所能置身其间的。因此，他们都纷纷挤到商务印书馆设在安全地带的发行所来要求救济。但在这炮火连天的时候，所有银行商店一律关门，金融尽行停顿，我和商务印书馆的其他当局者，虽然痛心于数十年基业一旦被毁，有亟谋挽救万一的必要；但是眼前见到许多流离失所的同人，大家都认为救人是第一件大事，商务印书馆自身的救急和善后，都暂时丢在脑后。所以我们第一件工作便是分头向各银行的后门钻入，去商量暂借若干现款，藉以救济正在流离失所的同人。结果即于商务印书馆被第一炸弹而发火的一小时内，宣布发给各同人每人救济费十元。这十元的数目似乎不多；但若把三千七百乘起来，便成为三万七千元的巨数现金，在那时候确比平时十倍此数尤为难得。许多同人得到此难得的十元救济费，三数日内总算解决了食宿的问题。但是永久的问题又怎样呢？在这寸金寸土的租界安全地带中，开支至少当倍于平时，而来源又将断绝，久留只有增加消耗，故惟有从速各回乡里是一条生路。因此，我们仍是一心一意把救济旧同人作为第一件大事，结果于二月一日即商务印书馆被难的第三日，向董事会商定，各同人除已付清一月份薪水外，每人加发半个月，这数目差不多就是十万元。又商定同人活期存款在五十元以下者全数发还，五十元以上者其超过五十元之部分先筹还四分之一。这样一来，又是二十余万元，两共三十万元以上。我们在这万分困难之中，筹付这般巨款，原想使滞留上海每日耗费不赀的各同人，得以早日回到他们比较安全的乡里；但是旧同人方面有些不明真相的，以为商务印书馆仍当继续筹款救济，因而观望自误者颇不乏其人。而人事的纠纷，也就随之而起。其实商务印书馆当此巨劫之后，财产去其大半，不独无救济的余力，即以清理债务而论，当时可以运用的资产仅足以偿还全部债务三分之一。我当时所最注重的为旧同人在商务印书馆所存的款项，因为这是许多旧同人历年辛苦所积聚，当此陷于失业恐慌的时候，为求免除同人不幸中的不幸，自须极力设法，把这些存款尽先全部偿还。但这些存款总数，仅占商务书馆全体债务之一小部分，如果商务印书馆一蹶不起，以致破产清算，则按照剩余资产摊还债务，各同人不独无从获取救济金，甚至存款或尚不能收回三分之一。我当时还有同样注重的，就是商务印书馆的复兴与旧同人的职业关系，假使商务印书馆不能复兴，则不独上海各机构原有的三千七百余同人将不能有再行进用的机会，甚至那时候未受直接损失的分馆分厂同人约二千人，不久也因公司之解散而同遭失业。但是巨劫之后，要图恢复，非先清理不可。如果依照公司法规定，将所有债务同时清理，则诚如上文所说，旧同人一时的和永久的损失都很大。而且照这样清理，以后纵能复兴，也须重新组织公司，势必迁延时日，对于教育界读书界的供应也不能不长期停顿，固有的地位也就随而丧失。我再四考虑之后，认为要使旧同人的存款得以全部偿还，要使旧同人于领回全部存款之外还可得到相当的补助，要使旧同人将来有再为商务印书馆服务的机会，要使商务印书馆得以早日复兴而保持其对于教育界读书界的地位，不得已只有采行一种应付非常局面的方策。这方策在当时的各同人看起来，都不免认为我的手段太辣，都认为这将致各同人于绝地。其中较为激烈的少数人，挺而走险，都要和我个人过不去。这种的心理，就各同人的立场言，原不足怪。这种过程，我也早已料到；甚至当一月二十九日午前，商务印书馆刚被炸毁，我在发行所受着流离失所的同人所包围的时候，我在内心的打算，也经预料到。但是我以为在打仗的时候，往往置诸绝地而后得生存；在房屋被毁以后，必须拆除，方能重新建造。而且在那时候，商务印书馆如果不自动的为局部的清理，恐怕还不免被动的全部的清理；因为商务印书馆经过这一次重大的损失，各方面的债权者原有随时干涉其支付款项的自由；设不幸而有此事实，则同人的存款清还，和尽先进用，与商务印书馆复兴的希望均成泡影。反之，如果一面藉解除纠纷为复兴的准备，以维持其他债权者的信任；一面以同人关系解除为理由，先将同人存款全部清还，并酌加补助；这样一来，商务印书馆当时可以运用的全部资产，便可完全支付于旧同人方面，而不受其他债权者的干涉。结果自去年"一二九"被难后，至同年八月一日复业前，商务印书馆先后发还旧同人的存款计八十余万元。与种种补助旧同人的款项六十余万元合计共一百五十余万元。而用以清偿其他债务的款项，不及二十万元。这种处置，在这种情势之下，对于旧同人实至有利。但我是就全体同人的总利益及永久利益着想，各同人则不免专就个人一时的利益着想，其立场不同，遂不免群起而集矢于我个人。计自去年三月十六日商务印书馆董事会议决总馆业经停职各职工全体解雇之日起，至八月一日复业之前后，半年以内，我无时不受辱骂和威吓。好几次因为外间攻击我太厉害，许多亲友都力劝我摆脱商务印书馆，以免名誉扫地。我答以只要良心过得去，脸皮尽管厚些。又有许多人劝我必须详加驳复，以免社会误会，我也因为同时须对付旧同人和其他债权者，如果根据全部的主张详加驳复，纵有利我个人一时的名誉，转有碍商务印书馆复兴计划的进行。所以除了一次简单声明立场外，对于任何攻击我的文字，概置诸不复。到了四月初间，少数旧同人对我之攻击益形恶化，致有种种不利于我的盛传，而且实际上还接到了不少的恐吓信。正当其时，不幸我的老父弃养，又有许多亲友劝我趁此躲在家中守孝个把月，避过锋头，这是绝对没有人怪我不负责任的。我以为临难图苟免，不是我们应做的事；而且常听我父亲教我尽职负责的话，如果藉父丧而避责任，不独与平素主张不符，且无以对先父。因此，我便不惜短丧废礼，于四月十一日在上海申新两报刊有左列的启事：

先父礼堂公于本月八日午后七时一刻晚膳中突患脑出血，越五分钟即弃云五而长逝，享年八十有一。云五与内子儿女寡嫂姊妹等皆随侍在侧，奉母命于十日下午三时安葬于万国公墓。先父交游广，云五服务社会垂三十年，同事同学知交亦綦众，理宜一一讣告。惟先父生平于善举虽不惜倾家，于庆吊辄视为侈靡。去岁先父八秩大庆，云五以高年难得，而椿萱并茂，尤为人生罕觏之事，亟宜称庆，稍尽人子之职；顾先父以云五任事商务印书馆，同人多至数千，稍有举措，势将扰及多人，力戒不许。家母亦甚赞同。云五始遵命而罢。今先父虽已弃养，遗教犹在，不敢稍违。况值兹国家多难，尤不宜耗物力。故葬前不敢告丧，葬后亦不开吊，所有赙赠概不敢领。云五并秉承先父克勤尚实之旨，于安葬之次日，忍痛任事。凡我戚友幸矜谅焉。王云五泣启。

以上句句话都是事实，但其中还有一件事实，在当时却不便明白表示。这就是当商务印书馆发表解雇办法，劳资问题紧张而一部分旧同人正在集矢于我个人的时候，我不愿藉丁忧名义，躲在家里推诿责任；后来纠纷稍平，有人告诉我，当这启事登出之时，许多人觉得可异。也有些反对我的人，见我这种不漂亮的举动，颇有转念到我当时的主张未必是为着私利的；因此对于我的反感反而和缓了一点。这究竟是不是事实，我却无从证明。

第二，复兴的筹备。上文已经说过，为着各方面的利益起见，商务印书馆有从速复兴的必要。故虽在种种纠纷之中，和希望极微之际，我无时不着手于复兴的筹备。我们在遭难后第一种积极的工作，就是使各分馆在紧缩下维持营业。因上海总栈房全毁，供给断绝，故就上海发行所所存的少数书物和各分馆所存的书物，从事合理化的调剂。即以各分馆半年间的营业收入，作为复兴用款的基础。第二种的积极工作，就是利用香港和北平两个平时生产力无多的分厂，暂时代替上海被毁的总厂，从事于大规模的生产，分别拟定精密的生产计划，使这两厂于增加极少的设备后，可有六七倍于向来的生产力，俾秋季开学时学校教科用书及较重要的参考书不致断缺。自去年三月即开始实行此计划，经过种种的困难，卒能于秋季开学时将此项书籍大致补充齐备。这与商务印书馆的复兴关系极为重大。假使这件事没有办到，则去年八月上海发行所复业将无书可以发售，各分馆虽继续营业，实际上亦将无业可营。因为我们出版界一年中有两个最重要的营业时期，就是春季和秋季开学的时期；商务印书馆出版物的范围甚广，其中教科书一项自初小以至高中无不齐备，大学校教科参考书籍也有多种；如果在总厂被毁之后不即就这两分厂设法印书，则秋季开学时教育界固重感书籍供给的困难，商务印书馆也一蹶不振，其影响于前途极大。我所以在总厂被毁未久即计划秋季用书的供给，就为着这个缘故。记得我开始作这个计划的时候约在二月中旬，距商务印书馆总厂被毁不过半个月，其计划之完成约在三月上旬，费时共约二十日。那时候商务印书馆的资财能力和时间都受着极紧缩的限制，故于秋季开学时各种用书的需要数量和各分馆的存货及可销数量，都不能不作精密的统计。因为力量只有如许，某一书的供给过剩，势必致另一书的供给不足。若在平时有种种簿册报告为根据，计划自较容易，但在总务处及总厂被毁之后，历年簿册报告均不存在，平空计划，实感困难。后来无意中在我的大衣袋里检出一本手册，其中载着些不甚完全的旧纪录，从此推算起来，便渐渐的得到大概的统计。这本手册，至今我还认为是一种无价的锦囊，因为许多被毁的旧统计资料都可直接或间接得自其中。可见平时的笔记实有很大的功用啊！我既然从此推算得秋季各种用书的约数，第二步便打算如何使那设备不全向来能力薄弱的香港北平两厂，可以担负此项临时重大的使命。当其时好几位同事都以为非多购机器不可；只以款项支绌，不能随意购置。适有英国某机器公司，为表同情于商务印书馆，愿廉价售予大宗印刷机器，并允将其货价分若干年摊付。同事中多以其条件特优，主张大宗购买。我以为生产增加不尽靠机器之多，只要能尽物力和人力，即以香港北平两分厂原有的机器，也未尝不能担负此项非常的工作。后来折衷诸说，略购少数机器，订明分期付款。那时候我曾预言，总厂机器被毁后加以修理尚可使用者，或不在少数；将来战事停止，如能着手修理，恐尚有多余的机器可以出售。想不到这预言现在竟成事实。且说香港北平两分厂的原有机器和临时添购的几部合并起来，比诸上海总厂原有者不过十分之一，而添购机器中也有运到较迟，秋季开学以前不及利用的，从表面看起来自然是无力担负秋季用书的全部。但是我本着尽物力和尽人力的原则，并按其需要的先后缓急详加计划之后，似尚无力量不称的弊。计划既定，于是从三月中旬起委托重要职员，带同计划分驻香港北平两厂，代表那时候的善后办事处，督促所定生产计划的实施。果然到了去年八月总馆复业和各分馆继续秋季开学的营业时，那两个小小分厂所印成的教科参考书籍数量，和我于半年以前在上海所拟的计划简直无大出入。这固然由于两位代表和两厂职工的努力工作，但在这种种隔膜和纷扰之中，我的计划居然能有百分之九十以上的正确，至今回想起来，心里还觉得很大的安慰。

第三，复兴后的人事问题。商务印书馆前此为着万分不得已的缘故，在善后期内将所有旧同人全体解雇；但其本意绝不愿抛弃多年相依的旧同人，故于宣布解雇之时，曾自动向官厅及旧同人郑重声明，将来如能复业，当根据团体协约法的规定，按照需要酌量进用旧同人。查团体协约法对于雇主雇用工人所能加以最大的限制，就是于其所雇用之人数中有十分之八属于与有协约的团体，但专门技术人员及学徒使役等均不受此限制。截至本年十一月底，商务印书馆先后进用的职工，除学生不计外，共一千三百七十八人，其中只有六十九人在"一二八"以前未尝服务于商务印书馆，其余之一千三百零九人均系旧同人，占全部进用职工人数百分之九十五，较诸团体协约法所规定百分之八十的限制超出甚多。足见我在限制以外仍是尽量进用旧同人，也就可以证明从前之主张解雇，实无抛弃旧同人之意。

谁都知道商务印书馆在"一二八"以前劳资纠纷颇多。我常常以为这些纠纷的原因虽很复杂，但公司方面用人不当与赏罚不明，实亦不能辞一部分的责。故惩前毖后，于复业之前，对以后的人事问题考虑特为周详，并因应现在的特殊局势，立下了几种特殊的规定，现在择要说明如左：

（一）人事委员会　商务印书馆在复业的初期用人无多，而待用的旧同人极多，为免除瞻徇情面力求公允起见，我把进用职工的权委托于特别组织的人事委员会。这委员会的员额为七人，除主任的姓名公开，书记系由人事科长当然兼任外，其他各委员的姓名均不公开，俾得自由行使职权，不受任何影响。所有复业后进用的一切职工，除副科长及编译员以上者由总经理直接决定聘请外，其他均先提交人事委员会核议，然后决定。依此办法进用职工，我虽不敢说其尽能公允，但至少要比诸由各主管人员自由任用，较为慎重一点。

（二）回避制度　一个国家机关，用了许多父子兄弟做职员，在前代本为制度所不许。到了民国，虽然制度上不加禁止，却也不为舆论所赞同。但是一个工商业机构用了许多父子兄弟在一起办事，则赞成和反对的都各有理由。赞成者以为可使在职的人增进其对于这个机构的感情，而且父子兄弟同在一起办事，于公家的规律以外，还可多一种私人的约束。反对者则指摘其为引用私人，互相回护，以致无能力者可以幸进，不称职者也有人包庇。商务印书馆在"一二八"以前，父子兄弟同在一起办事的很多，闻竟有一家五人同受雇用者；这自然有其好处，也有其不好处。去年八月商务印书馆复业时，我对于进用职工方面，定下一个原则，就是父子兄弟已有一人进用的，其他概不进用。我所以作此决定，除了一般人所指摘的理由外，还有另一重大理由：因为一家的人如占有两个以上的进用机会，则他家的人势必减了一个以上的进用机会；当此复业伊始，用人少而待用之旧同人极多，倘没有这种规定，将更感用人之不公允。我这种回避制度施行之始，同人中虽不免也感觉有些不便；但是十余月来，习惯渐成自然，在此特殊情势之下，其效用固很著明，即在平时想来也是利多害少的。

（三）女职工　商务印书馆在"一二八"以前，有女职工八九百人，去年八月复业时，所有女职工概从缓进用，直至本年三四月后始渐渐在某部分进用少数女工，而且以尽先进用寡妇或未嫁女子为原则。其理由是因女职工对于生计上的负担不如男职工之重，尤其是商务印书馆旧日的女职工多系在职同人的妻女，为着使一般旧同人有较公允的进用机会，故有前述的办法。至于寡妇或未嫁女子所以尽先进用，亦因她们对于生计的负担较诸有夫妇女更为迫切的缘故。

（四）馆外工作的旧同人　商务印书馆复业后的上海各工厂都系临时租赁的房屋，地址很为迫狭，因此附属的工作如装订一项初时并没有举办，现虽在印刷厂中附设一个精装课，其所担任者大都为布面精装的书籍。此外大都委托旧同人在外间所设的装订作场代为办理。这也是维持旧同人生计的一种方法。现在旧同人倚此为生计者，不下四五百人。其他如中文排字的工作，上海制版厂对于这一项的生产力已较"一二八"以前更大，但是为着维持一部分未经进用的旧同人生计起见，我将铸成的铅字约二十副，以信用方法及特别低廉的价格，售给二十组的排字部分旧同人，并于相当时期内，供给他们充分的排字工作，然后分期就所得排字工价陆续将铅字售价收回。期满后各该组的排字工人便如耕者有其田一般，都成为排字者有其铅字了。这一项也有一百多人，和装订作场合计，则在外间靠商务印书馆为生活的旧同人不下六七百人。

（五）同人待遇　我在商务印书馆复业时拟定了一种同人待遇的通则，就是最高级者薪水较前减少，办事时间较前加长；中级者薪水较前不减，时间也加长；低级者在可能范围内务使薪水有增无减，办事时间不增不减。其理由，一因高级的同人当以身作则，首先牺牲，其他则依次递减其牺牲程度；二因低级的同人须维持其最低的生活程度，故除不努力或技能不佳者外，其收入总以有增无减为原则；三因"一二八"以前各部分办事时间长短不一，有短至六小时者，有长至八小时者，现一律改为八小时；向来低级同人的工作时间最长，故不增不减，其他从前依次递减者现在却变为依次递加了。

（六）同人心理的改革　商务印书馆复业之初，我们有当前的一个大问题，就是对于旧同人进用的程度，和用人的宜多或宜少。因为"一二八"以前商务印书馆的劳资纠纷是很著名的，所以往往有人认为商务印书馆的旧同人不好对付，此次劫后复兴，虽曾由公司宣言，依团体协约法的规定进用职工，除学生使役外，须有百分之八十为旧同人；因之，颇有建议复业后用人愈少愈好，俾旧同人的成分也随而减少。也有人建议，暂时不设工厂，宁将生产工作委托外间代办，以免再陷于"一二八"以前的工潮。我的主张却与此相反，所以上海先后成立了三个工厂，凡是自己能办的事，总以自己担任为原则；其为自己所不便担任的工作，如装订一项，亦如上所述先委托旧同人代办。至于已经恢复的部分，如有需用职工的必要，也无不尽先复用旧同人。这种种办法在有些人眼光里，或者是一件很危险的事。但是迄今我常常得着很大的安慰，就是旧同人之再经进用者，大多数都能服从规律，热心任事，无论生产营业或其他部分都是如此。或者以为这是由于进用时格外慎重选择之故，其实也不尽然。当我们进用职工渐多的时候，如对于技能和性情两项一律求全，这是不易办到的。因此我们为着技能的缘故，往往对于平素认为性情不易指挥的人，也不惮进用；甚至从前和我过不去的人，如为公司所必需，我也绝无成见，准其进用。我有一种特性，我的朋友高梦旦先生称之为"善忘"，换句话说，就是昨日是我的仇敌，今日可以即变为朋友。我既本着这种宗旨进用职工，自然对于其人过去的历史也是善忘的。不过再行进用之后，有功固必赏，有过亦断不宽容。结果那些最为一般人所不放心者，其认真工作与服从指挥，较诸他人且有过之。我认为这实在由于心理上的改革所致。这种心理上的改革，一部分固然是由于"一二九"巨劫的刺激，大部分还是由于制度的更新使人有努力自效的希望。大抵有能力的人，从前因为屈居下位，而且鉴于赏罚的不明，便自然而然的另谋出路。现在如果不顾旧嫌，予以自效的机会，其加倍努力自系意中事。故我以为赏罚不明，虽至驯善者不免起怨望；赏罚明，则任何人均不难就范围。

第四，复兴后的生产问题。商务印书馆劫后，所有总厂的存书存料全部被毁，机器只有在第五厂的一部分幸存，不及原有机器总数十分之三；历年出版各书的母版，事前搬

收入也有增进。又从前因为赏罚不明，以致工人不愿尽力工作，现在一面施行公允的按件计值制度，一面使特别努力者有受奖励的机会，不努力者有受惩罚的可能，这也是尽人力的一种重要原因。照这样说起来，物力和人力两方面既都有进步，则以少数的设备得多量的生产，工厂成本减轻，工人收入加多，都是当然之事。商务印书馆在上海的三个工厂和北平香港两个分厂一律办理成本会计，其结果发见一种显明的特例，就是公司制造成本愈轻的部分，工人的收入也就比例上愈有增加；反之，公司制造成本愈重的部分，工人的收入也就比例上愈无起色。其原因至为显明。大抵办过成本会计的人都知道，每件工作的间接开销，往往比直接开销多。直接开销大都是工人的收入，而间接开销却与工人利益无关。如果能够将间接开销减至最低度，结果既丝毫无损于工人，而且因工厂节省较多，还可有余力以酌增工人的收入。但是要减轻间接开销，其程序也很复杂；因其中至少括有：（一）机器的折旧和利息，（二）间接原料，（三）动力，（四）房租，（五）管理费等项。故要达到减轻间接开销的目的，第一必须使机器尽其力，而增加产量；第二必须使房租动力及间接原料等适于必要的程度，勿使耗废；第三必须使管理部分的能率充分，可以少数消费管理大量生产。所以制造成本如能减轻，便含有生产增加的意义。反之，如果不问成本，只图形式上的生产加增，势必于机器力量尚未充分利用之时，添购非必需的机器，或是不问职工的工作能率已否达于相当标准，而一味无限度的添用职工。照这样的增加生产，恐生产愈增，工厂的基础愈动摇，一般职工亦未见有利。这种弊病，在"一二八"以前的商务印书馆，实在常常犯着；恐怕国内其他工厂与此同病的也还不少呢。

第五，复兴后的编辑计划。商务印书馆是一个出版家，不是一个单纯的印刷家；编辑计划对于出版家关系极为重大。我们印刷上的生产能力虽然大大扩充，如果我们在编辑上没有计划，结果不过成为一个印刷家，不能算是出版家。商务印书馆在距今三十七年前，以印行《华英初阶》等书而起家的时候，实际上不过是一个印刷家，不能算是出版家。后来组织编译所，为着辅助那时候最初颁行的新教育，开始编辑所谓"最新教科书"，商务印书馆的地位才由印刷家而进为出版家。其后继续印行中小学各种教科书和《辞源》、《四部丛刊》、百衲本二十四史等，商务印书馆遂随着编辑计划进展而成为国内最大的出版家。去年复业后，因历年出版的书籍八千余种悉数被毁，母版保存的也不及十分之一，如按一般营业的原则，自宜以全副生产力量从事于被毁各书的重版。但是我以为出版家的职责当不断的以新著作贡献于读书界，如果我们复业后的二三年专印重版的书，无异成为"一二八"以前商务印书馆的贩卖所或印刷所，至少在这二三年内不能认为出版家。所以去年复业之初，我即决定保留一部分力量专供新出版物之用。自去年十一月一日起，宣布每日出版新书一册的计划，同时并复刊《东方杂志》等四种定期刊物。当我宣布这计划时，便有不少的同事怀疑我不自量力，也有些人以为我没有就营业着想。我认为日出新书一种不过是最低限度的一项贡献；我们应做的事还有很多，所以在宣布这计划之后，更进行其他几种计划。第一，就是按照新课程标准编印一套比较完善的中小学教科书，这套书连同教学法教本等共三百多册，业于本年秋季开学以前完全出版，使实行新课程标准的全国中小学校都能如期获得相当的教育工具。第二，就是编印《大学丛书》，以为提高吾国学术、促进革新运动之一助，经与全国著名大学校及学术团体合作，组织《大学丛书》委员会，草拟大学校各院必要的科目，然后分别缓急先后，拟定于五年内编印第一期大学用书四百三十二种。此在我国尚属创举，以劫后的商务印书馆肩任此事，更觉不自量力；只以在商务印书馆遭难之后，益觉学术救国之必要，此举极不容缓。幸得各大学及学术团体之赞助，迄今才一年，已经出版了《大学丛书》八十多种，今后更当努力进行。第三，就是编印《小学生文库》，为全国儿童增进其自动读书的机会，而为自动教育之倡导。全书五百册，本年内可以出版三百五十册，此举于儿童读物的贫乏固然补助不少；又因儿童有求知的渴望，而无辨别的能力，多读好书便生良好的观念，多读无益的书便至终身受着不良的影响；所以该文库对于量的供给以外，尤特别慎重质的选择。第四，就是编印《万有文库》末期应出的书。查《万有文库》内容书籍二千册原定分五期出版，"一二八"以前已出版四期，除第四期存书大部分被毁尚可重版外，所有第五期应出之书四百册，大多数没有存稿，于是不得不重新征集或分别托人编著，经过许多困难，本年底当可如约出版齐全，以完成三四年前我所发起编印《万有文库》的工作。第五，就是影印古书以保存孤本，即如此次与中央图书馆筹备处订约影印的四库全书珍本便是其中的一例。四库全书的影印，十余年来经高梦旦先生等的擘画，功败垂成者两次。本年三月间中央图书馆筹备处复以此来商，商务印书馆复业未久，重版待印的书极多，新版待印者数量也很不少，故就经济能力和生产能力言，本不必担任此项工作，但以此事计划多年，功亏可惜，而且鉴于四库全书因东省之沦亡又已丧失一部，及今而不速将孤本先行影印，将来文献散佚，与文化至有关系。故不顾困难，遂与订约印行，其后，因目录学者的意见纷歧，惹起极大的论辩，我总是保持着以最后成功为目的，其他皆非所计。现在幸已开始摄影，十年来经几许波折，终算实现有期。而于影印四库珍本之外，并与故宫博物院订约影印惟一孤本的宛委别藏，又与国立北平图书馆订约借摄该馆所藏的善本，与涵芬楼烬余的善本参合影印，分期陆续发行。

叙述得太冗长了，就此终止罢。在终止以前，或者还有人想知道一个无能力的人怎样应付这般困难的局面。我的答复是："无论怎样无能力的人，只要肯把全副精神应付一件事，多少总有一点的成就。"我本来是毫无嗜好的，社会上的应酬也极少，"一二八"以后，简直完全谢绝。我生平视为最快乐的，只有读书和做工两件事。除了每日睡觉六七小时外，其他的时间都完全给这两件事支配，任他们互为消长。"一二八"以后，我把读书的时间多牺牲一点，于是别人以每日八小时工作为最高度的，我便可以十五六小时来工作，结果无异两个无能力的人一体合作。俗语说，两三个臭皮匠可以合成一个诸葛亮，固然说得过分些；但无论如何，两个无能力的人合作结果，总可以等于一个稍有能力的人。并且一个人专做一件事，无论其人怎样愚钝，结果也可以因熟练而生巧。不过无能力的人做事，纵在正常的局面，往往也要遇着困难；若在非常的时期，更不必说随在都是困难。如果一遇困难，便作消极态度，则任何事都不能有成。我有一种特性，就是对于任何困难，决不稍感消极，并且偏喜欢把困难的事作为试验，以充分的兴趣，研究其解决方法。万一能够解决，便认为这是惟一的最优厚的报酬。既然不为其他报酬而卖气力，所以只知负责，绝无怨望。在这过去两年的苦斗中，因为往往出力不讨好，甚至还要讨骂，许多人都说我太不值得，我自己却没有这种感觉，专以所做事的成功为惟一目的。然而我毕竟是一个人，不能没有人的感情。我自己承认生平有一个很大的缺点，就是"小不忍"这三个字；换句话说，就是比较大些的不满的事情日积月累的隐忍着，偶然遇着很小的事，便一触即发，无法按住性子，因此而使生平的事业失败了不少；就是在这两年苦斗的程途中，也因为这"小不忍"三个字，空耗了不少的努力，这是我常常要诰诫自己的。

（二十二年十二月为上海《东方杂志》写）

八年的参政

这里所谓参政，是指我膺选为国民参政员而言，并不包括以后的短期从政；但政治协商会议与国民参政会有密切关系，而我之参加该会议多半是由于参政会的关系，因此，也就括入于本文的范围；至于以参政员地位而参加的种种工作，当然并入叙述。

国民参政会系民国二十七年四月所组织，以集思广益，团结全国力量，以利抗战建国为目的。第一届的参政员额为二百名，均由政府遴选聘任，其所代表者，或为省市，或为特区，或为海外侨民，或为政团及文化经济界。由于遴选的来源不同，参政员遂分为甲乙丙丁四种。我是以代表文化界的资格而膺选的，故属于丁种。第一届国民参政员丁种中，除括有中国共产党领袖七人，青年党及民社党领袖各若干人外，余皆为文化工商界知名之士，其中并有不少无党派者，而我也是无党派人士之一。

参政会第一届第一次大会于民国二十七年七月六日在汉口举行，适在日本向我芦沟桥进攻周年之前夕。那时候系采议长制，以汪精卫为议长，张伯苓为副议长。参政员凡能出席者无不出席，会场充满了团结抗战的气象，党派的成见和宿恨，至少在表面上已为国家观念所掩。我平素非必要不发言，加以当此国难关头，国家既然给我一个建言的机会，自不敢轻率发言，而对于应说的话，却也不稍顾忌。又因事关国家大计，会议虽忙，事前对于所有议案无不一一阅过，预为考虑。所以在这次大会中，我的发言次数虽不多，以有上述的立场和准备，更因口齿清晰，发言亦适可而止，绝不过分冗长，以讨他人厌恶，故同人对我的印象似乎都不差。

　　这一次参政会召开后，不久武汉便沦陷，政府西迁重庆，建立陪都。从此时起，直至抗战胜利，首都迁回南京为止，历届历次参政会都在重庆举行。参政员任期为一年，但国民政府认为必要时，得延长一年。前后四届的参政会组织和选任方法迭有变更，大抵人数渐有增加，而代表省市的参政员也从中央遴选者渐改由地方议会选举，惟丁种参政员仍由中央遴选，始终未改。我由第一届起，先后四届均被选为参政员。自第四届起，并被推选为主席团主席之一。依参政会的规定，参政员改任公务员后应即辞职，但主席团之选任不以参政员为限，仍可于改任公务员后继续担任。因此，我于三十五年五月出长经济部后，当然辞掉了参政员，却仍兼任参政会主席团主席之一，直至三十六年下半年，才与王世杰君同时自动辞去此项兼职。

在我列名于国民参政会的时期中，先后计八年，统括一下我的工作，计出席大会约十次，任驻会委员三年，任主席团主席约两年，被选代表参政会赴英国报聘约三个月；宪政实施协进会成立，我被选代表参政会参加；参政会经济动员策进会成立，我也被选为常务委员。现将各项工作分别略述如左：

对于出席大会，因为照章每年虽有两次，而由于交通不便，实际上往往一年只开一次，平均两年合开三次。每次会期初为十日，嗣改为十四日，而提案往往多至三四百件，可是我的提案特别少，恐怕在参政员中我算得是提案最少之一人。以对于大会发言而论，我也不能算多。但在重要的讨论中，我往往不肯放过，结果我的主张往往也获得通过。

参政会设驻会委员若干人，于每次大会闭会前由参政员中互选之，因为两星期开会一次，故非能留居会所所在地不克担任。在太平洋战事发生以前，我因商务印书馆的生产重心在香港，不得不常留该地主持业务，故除参政会召开大会时我方由香港飞重庆出席外，平时却不能长驻陪都。及太平洋战事发生后，我常留重庆，从此时起便被推举为驻会委员，直至当选加入主席团为止，因主席团照章在闭会时主持驻会委员会，故无需兼任驻会委员也。驻会委员会的任务，主要是听取政府各部会的施政报告，并提出质询，当然也得建议于政府；后来职权扩大一点，还加上调查政府工作的任务。因此，我在常川居留重庆的时期，便先后以驻会委员及主席团主席之一地位，不断和政府接触，而正式的或非正式的略有建白。

参政会自第二届以后，改议长制为主席团制。依修正国民参政会组织条例的规定，置主席团，由参政会选举主席五人（后改为七人）组织之，其人选不以参政员为限，参政会及其驻会委员会开会时，由主席团互推一人为主席。因为轮流主席的关系，我在每一次大会中轮任主席不过两次左右。可是对于最后一二次的会议，大家总要我主席，甚至有时还要我加任一次的主席。原因是我已获得"开快车"的绰号，换句话说，就是在我当主席的时候，议案通过特别迅速。本来议案处理之迅速，与主席确有不少的关系。我对于讨论时发生的波折，尚能相机应付；因此，许多不必要的争执，在我主席时颇能避免，会议的时间也就节省不少。参政同人对我任主席时，似乎都还满意，可是在某次会议中，因我坚持会议规则，违反了少数人的要求，遂遭遇一位绰号"大炮"的参政员抗议，高呼"主席专制"及"更换主席"，而随声附和的也有些人，议场秩序一时颇骚乱。我一点不为所动，镇静主持，结果还是我胜利了。经过这一事件后，这位参政员对我倒特别客气。

实行提审制度案"。我认为"世界上立宪国家，其人民权利之最基本者，莫如身体之自由。所谓身体自由即非依法律不得逮捕拘禁或处罚，其因犯罪嫌疑而被逮捕拘禁者，本人或他人得声请法院于若干小时内提审；我国五五宪草亦有此规定，其提审期为逮捕拘禁后之二十四小时内，此与一般立宪国之原则正同。惟查各地方警察或其他机关滥用职权，无期拘禁人民者时有所闻，为奠立宪政基础，提审制度自有早日实行之必要"。此一建议案，在蒋介石先生以兼本会会长主持下，即日通过，交常务委员会讨论具体办法，虽实现之期迟延颇久，但此一决议却是一个正式的根据。后来我在访英归来时，应宪政实施协进会之邀，于三十三年三月二十七日对全国广播，又以实施宪政的先决条件为题，就在英国的观感而发挥宪政的要义，大意谓："英国宪政之如此巩固与完善，自有其道，而其所以致此之道，似可视为任何国家实施宪政之先决条件。此种先决条件有三：第一是地方自治；第二是法律主治；第三是人民的基本自由备受尊重。……英国人的一般见解，以为民治的宪政能否达到目的，在于人民之是否有权选举其所欲选之人以组织政府。然欲达上述之目的，则人民须能自由批评政府，能自由集会讨论政治，并能避免政府违法的逮捕与拘禁。"

参政会第三届第一次大会决议在本会内设置一个常置机构，初名为经济动员策进会，以辅助国家总动员法令及战时经济法令之实施，并协助推动其各级业务，以期切实管制物价，巩固经济基础为宗旨。全体参政员皆为会员，设会长一人，由国民参政会主席团推定；设常务委员二十五人至四十一人，由会长就会员中指定。又为工作便利起见，得设分区办事处，每处设主任一人，并得酌设副主任，均由会长就常务委员中指定担任。嗣又改称经济建设策进会，组织仍旧，并决定将后方分为川西、川东、西北、湘粤桂赣及滇黔五区，每区设一办事处。三十六年一月各区办事处同时成立。滇黔区办事处主任原经兼会长蒋介石先生指定褚参政员辅成担任。褚先生因事一时不能前往昆明主持，遂改由蒋会长指定我暂往代理。那时候滇省情形颇特殊，许多人认为中央有所举措，都不易在该省推行。我因固辞不获，也就不自揣度，受命前往，但陈明蒋会长以一个月为期，以免妨碍商务印书馆的业务。我留昆明的一个月中，对于中央政策与地方情感，总算维系得还好，而于经济管制也奠立了一个颇为满意的基础，于我在留昆明的期间，幸而把狂涨一时的物价平抑了不少，尤其是对于粮价一项，与省政府合作平抑，尤著特效。一时颇为西南联大的许多朋友所称许，并以我能不卑不亢执行中央政策为奇迹。褚老先生于是年一月十七日致我一函，中有"阅报知台端已于二日抵昆，限价工作进行顺利，足见大无畏之精神可以克服一切也"。

我在昆明经过这一个月协助滇省府实施限价的结果，

之前几日，时在三十年二月底，我刚从香港飞到重庆与会，才听见中共方面对于新四军事件向政府提出办法若干条，请求采纳，而在政府未予采纳以前，中共参政员拒不出席，藉此以为要挟。其时政府为着团结抗战起见，已派出代表和中共驻陪都的代表在会谈中，并由居留陪都的若干参政员从中斡旋。为了劝令中共参政员出席表示和谐起见，参政会特将原定召开预备会议，选举主席团的日期延迟了一二日。因为从本届大会起，参政会的议长制改为主席团制，主席团定为五人，大家曾在会前商量，除原任正议长蒋介石先生属于国民党籍，副议长张伯苓先生那时候还没有党籍，同人一致主张推选为主席外，还有三席拟即推选中共及青年民社三党党籍的参政员各一人充任。后来我接到通知，决于三月二日上午八时开预备会，选举主席团，九时接开第一次大会；因此我以为中共的纠纷问题或者已经妥协了。可是到了二日上午，我如时到会，时间已届，候之又候，还未见摇铃开会，原来是等候担任斡旋的几位参政员作最后的努力。约莫八时半，他们才来，知道问题还没有解决，中共参政员仍然拒绝出席，于是又等了些时，才举行预备会，选举主席团；开票的结果，除前任正副议长蒋张两先生及民社党的张君劢与青年党的左舜生照原议当选外，至原拟以中共参政员当选的一席却换了女参政员吴贻芳，当然是因为中共参政员拒绝出席，故临时改变原议，且没有其他党派的代表可选，不如以一妇女代表赓选为便。选举既毕，接着便举行第一次大会，对于中共问题也没有什么报告提出，并闻担任斡旋的各位参政员于本日后仍继续努力。

次日上午举行第二次大会，在照例的报告以后，随即发表中共参政员毛泽东等七人的删电，和董必武邓颖超三月二日函称未能出席大会。接着便由秘书长详细报告本案的经过，并宣读昨日董必武等来函坚持政府必须采纳中共所提临时办法新十二条，及明白保证，始能出席云云。报告毕，复由担任斡旋之褚辅成参政员发表意见，希望仍能继续调解，消弭裂痕。随着乃有两参政员起立发言，虽对中共微有责备，却未提任何解决意见。词毕，主席蒋先生正起立宣布开始次一程序之施政报告；我那时却忍耐不住，立时请求发言。我在事前绝未准备发言，更没有任何人要我发言，只是我的良心和政治常识迫使我不得不如是发言。我发言的大意是："参政会纵然不是立宪国家的国会，至少也是全国人民，和我们自己，所期望成为战时的国会。因此，任何不能解决的政治问题，未尝不可在本会中，谋致合理的解决。至于中共参政员主张先行解决，再出席会议；我想在目前的实际情形下，恐不仅无法解决问题，而且还要在参政会中开了一个恶例。因为参政员出席与否，除病假事假外，似不应有其他理由，尤其是不应以解决条件为出席的理由。本席现在建议对于本案应采取这几项的处置：（一）中共参政员的来函，暂时不宜公开，以免惹起国人的疑虑；（二）切望中共参政员重加考虑，仍能出席；（三）中共参政员如能出席，可将所提临时解决办法作成对本会提案方式提付讨论；（四）中共参政员出席后关于本问题的提案各条，本会同人应本诸良心，秉公讨论，应通过者予以通过，不应通过者予以修正或作其他合理的决定；（五）希望政府仍本向来的宽大政策，如果中共参政员能出席，其提经本会通过之案，务望政府尽量接纳。"

上开的一席话，完全出自良心与诚意，绝不左右袒；从不断的掌声中，可证明当时已获得大多数参政员的赞成。但事后闻中共参政员对于我以无党无派人士的资格发言，责备中共参政员不应开此恶例，而强其出席，以对政府所提条件作为对参政会的提案，因参政员大多数属于国民党籍，定然以压倒多数将其打消，彼时如中共参政员不肯遵守，将不免受全国舆论的指责，使其向所采取对政府的宣传战略大受打击；故无论我的说话如何冠冕堂皇，事实上乃从侧面协助政府以打击中共，较诸简单责备中共者手段实更厉害，故从彼时起，衔我极深。然在另一方面，则国民党中也有若干人因我对中共参政员以接受要求为出席条件虽持异议，然认为我所提的处置办法（四）（五）两项也有绥靖中共与责望政府之意，遂亦不很满意。但过了几日除中共恨我如故外，国民党的少数人或由于明白我的真意者代为解释，初时的误会也渐消释。至闭会的前几日，中共参政员仍未出席，于是许多参政员都劝我把那天的临时发言作成提案，以动议提交大会讨论。因即写成提案如左：

兹谨请大会对于毛参政员泽东董参政员必武等未能出席大会事为如下之决议：

（一）本会于阅悉毛参政员等七人致秘书处删电，董参政员必武等二人本月二日致秘书处函件，暨聆悉秘书处关于此事经过之报告，对于毛、董诸参政员未能接受本会若干参政员与本会原任议长之劝告，出席本届大会，引为深憾。本会为国民参政机关，于法于理，自不能对任何参政员接受出席条件或要求政府接受其出席条件，以为本会造成不当之先例。

（二）本会连日聆悉政府各种报告之后，深觉政府维护全国团结之意，至为恳切。一切问题，除有关军令军纪者外，在遵守抗战建国纲领之原则下，当无不可提付本会讨论，并依本会之决议，以促政府之实行。因是，本会仍切望共产党参政员深体本会团结全国抗战之使命，并坚守共产党民国二十六年九月拥护统一之宣言，出席本会，俾一切政治问题，悉循正当途辙，获完善之解决。抗战前途，实深利赖。

此一动议案一经拟就，同人连署极为热烈。即日提出大会讨论，经全体一致之决议通过。

拟藉参政会的努力而解决中共对政府的纠纷，是我盱衡当时局势，认为假使有解决可能的话，这或者是惟一的可能。当然这或者也是我个人书生之见，但同此主张者亦不乏人。在上述出席问题未能解决的一个大会期内，因为时期迫促，无能为力。但其后毕竟有一个机会，就是在三十三年九月召开的一次大会内，我于开会前一天写信给主席团，请求转请政府把和中共商谈的经过和结果向大会报告，主席团和政府都接受了我的请求，择定九月十五日在大会中，政府方面由张治中报告，中共方面由林祖涵报告。两方报告后，我即发言，贡献解决意见。兹就速记录中把我的发言要点摘述于左：

　　　　我请求政府和中共把商谈的经过和结果向大会报告，具有两个主要的动机。第一，本会以团结全国力量为最大任务，对于任何阻碍团结的因素都不能不想办法去消灭。第二，现在已经接近抗战最紧张的关头，当然需要集中全国力量，尤其是兵力，来抗战。我们知道中共方面拥有相当的军队，同时政府在防护地区也保留有相当的部队，假如团结问题能够早日解决，这两部分力量都可以用在抗战和反攻上，……今天听了两方面的报告，归纳起来，虽然问题很不少，但最重要的问题不外两个，一是政权公开，一是军令统一。政权公开是中共所提出，其实不但是中共所主张，国民党和政府也一再宣布其还政于民的决心。军令统一，是政府所提出，当然，这不但是政府的主张，也是全国人民的主张，就是中共也不能否认的；因为中共四项诺言中的第四项也曾明白申言，十八集团军愿意在军委会管辖之下，接受军委会指挥，……今天还听到林参政员口中恳切坦白地申言中共决心实践四项诺言，是则军令统一也不当有何问题，……现再行引申说明一下。就政权公开来说，已经由国民党，由政府，由领袖再三声明在抗战完结后实行宪政。对于这点，我们很钦佩国民党和政府大公无私的精神。不过问题在这里，就是时间问题。大家都盼望它很快实现，本席当然也同样盼其早日实现。但有一个事实问题，就是实行宪政必须宣布宪法，宣布宪法，得先召集国民大会。现在要召开国民大会当然有困难。但是我想所谓宪政有两种，一是形式的，就是要召开国民大会制定和颁布宪法才能实现；又一是无形式的，不待颁布宪法，自然慢慢地走上宪政之路。后者现在也可以实行。政府能把训政时期的约法切实执行，能扩大各级民意机构的职权，即使不具形式上的宪政，也可以走上真正宪政的轨道，而我们的政权公开也就更进一步了。其次，就军令统一来说，刚才说过中共也承认军令应该统一，我只希望中共能多作事实的表现。在双方报告中有关于多少军多少师的差别歧见；我想在军令统一的大原则下，这似乎是不成问题的。现在反攻正要用兵的时候，双方一两师的差别，只是枝节的问题。大问题在军令统一的实现，假使军令真能统一，所有军队都是国家的军队，便没有彼此之分，界线之别……

这次参政会中既将中共问题公开报告，虽未能即由参政会负起寻觅解决途径的责任，然参政同人对此问题益形重视，政府亦颇寄望于参政会。初时曾有以参政会为基础，组织一个特别委员会，开诚讨论此问题之拟议。后来经过相当时期的酝酿，卒形成所谓政治协商会议。该会议由五方代表所组成，就是（一）中国国民党，（二）中国共产党，（三）民主同盟，（四）中国青年党，（五）社会贤达。各方面的人数不等，计国民党八人，共产党七人，民主同盟九人，青年党五人，社会贤达（这个名称我万不敢当）九人。一至四方面之代表由各方面按照商定之人数自行推选，惟社会贤达之人选则由四方面会同推举。第五方面被推定的就是邵从恩、莫德惠、傅斯年、胡霖、钱新之、郭沫若、李烛尘、缪嘉铭和我共九人，至其他方面之人选由各党自行推定者，计第一方面为孙科、张群、吴铁城、王世杰、邵力子、陈立夫、张厉生、陈布雷等八人；第二方面为周恩来、董必武、吴玉章、叶剑英、邓颖超、王若飞、陆定一等七人；第三方面为张澜、张君劢、张东荪、沈钧儒、黄炎培、梁漱溟、张申府、章伯钧、罗隆基等九人；第四方面为曾琦、陈启天、余家菊、常乃德、杨永浚等五人。会期规定为二星期，由三十五年一月十日开会，原定廿二日闭会，于必要时并得再度召开。后来延至一月三十一日才闭会。关于该会议的讨论范围，事前煞费商量，规定为两项：一是和平建设方案，二是国民大会召集事项。会议中，除开全体大会十次外，所有讨论问题都是分组举行，计分为政府组织，施政纲领，国民大会，宪法草案及军事问题五个小组，由各代表自行认定。后来又增设一个综合小组，由五方面各推举代表加入。我除认定加入政府组织小组外，并由第五方面推举参加综合小组。

政府组织小组所讨论者系关于行宪前联合政府的组织方案。大家对于这个过渡时期的政府应采取委员制是没有异议的。但是对于各方面所占国民政府委员的人数，和少数党的否决权，却为中共所极重视，民盟对于中共的主张如出一辙；国民党则倾向于维持国民政府主席的相当权力，对各方面委员人数的分配，自然有它的主张。青年党和第五方面参加该小组的代表，为谋会议之妥协，大致以调停双方意见为主旨。但青年党除调停双方意见外，对于民盟也有一种特殊的意见，就是认为青年党以其党员人数及成立先后而言，应视为第三大党，民盟虽由若干党派联合而成，但其实有党员人数及成立年龄均逊于青年党，因此极力主张该党在未来的国民政府中所占委员名额应多于民盟，至少也当与民盟同数。反之，民盟所持的意见却与青年党适相反，认为民盟所占人数，无论如何，必须超过青年党，后来经过了正面和侧面不少的协商，总算决定了两个原则：其一、规定国民政府委员名额为四十人，国民党以第一大党占其半数，即二十名，其余四方面合占二十名；其二、规定国民政府委员会会议，对通常事项，仍以过半数表决，但涉及变更协商会议所通过之施政纲领，则须有三分之二委员赞同，始得通过，换句话议，对于此类重要事项之决议，少数党派得联合三分之一之委员行使其否决权。讨论至此，已届闭会时期，各代表亦皆精疲力竭，对于四方面合占国府委员二十名如何分配，咸主张于闭会后再由四方面自行协商。我独认为正如俗语所谓"打铁趁热"，似不宜稍缓，盖恐一经搁置，问题转多。后来，中共推翻其参加联合政府之诺言，此一问题亦为其所借口之一；因为中共后来对于四方面合占之二十名国府委员中，坚持中共与民盟必须占有十四名，俾足全额三分之一以上，可以行使否决权，民盟当然也就与中共同一主张。由于此项之争持，协商决定之政府组织，遂不克照原议实现，迟至三十六年四月改组的国民政府成立，也就因中共与民盟之拒绝参加，而不得不斟酌事实，对于构成分子也就不得不稍有变通。

协商会议中还有一个问题，为各方面所热烈争持。这

院视同一般立宪国之上议院，而将考试院之权限减缩，并取消其对于立法院之提案权。又为过分防止行政院之专擅，特将立法院对行政院之控制加强，同时又迁就五五宪草原案，未照议会内合通例将解散立法院之权加入。这一缺点，我和若干代表也曾指出，惟以国民党有些代表对于行政权之过分限制虽力予反对，而对于立法院有被解散之可能却不赞同。此外争持最烈者，便是关于国民大会的构成与其职权。五五宪草赋予国民大会的职权很大，但在协商决定的宪草原则下，立法院既成为监督政府的常设机构，自不宜再有一最高立法机构，置于立法院之上，于是宪草小组的协商中便决定将国民大会变成无形的机构，就是把省县民意机构的代表合并起来，成为国民大会，而以行使选举总统副总统为其主要职权，仅因敷衍建国大纲国民大会行使四权的规定，在宪草修改原则内，加入"全国选民行使四权，名之曰国民大会"一条。最后，因匆匆闭会，这些原则也就匆匆透过了综合小组，更通过了最后一次的大会。可是这一决定是为国民党多数人所反对的，于是大家商定在闭会后仍由综合小组及会后组织之宪草审议委员会继续商讨，我在协商会议开会期内，因未参加宪草小组，故对此类宪草问题均未能参加讨论，但闭会后的综合小组我仍由第五方面公推参加。同时并被推参加二十五人所组织之宪法审议委员会，因此在闭会以后，迄复员还都以前，我都不断参与宪草的继续商讨。我本人对于五五宪草赋予国民大会这般庞大的职权固然不赞同，但对于协商决定之无形国大更觉得不妥。因此，在闭会后的继续协商中，把无形的国大修正为有形的国大，我也是极力主张者之一人。不过关于国大的职权，在继续协商的结果，虽然费了不少的唇舌和时间，表面上仍括入四权的行使，就是除选举总统副总统和罢免总统副总统外，对于创制权以创制宪法之修改为限，对于复决权则以复决立法院所提修改宪法案为限；而有关创制权与复决权其他部分之行使，则俟全国过半数之县市曾经行使创制复决两项政权时，才由国民大会制定办法并行使之。这种职权与五五宪草原来规定者相差仍甚远，但能够从无形的机构变为有形的机构，已自不易；盖凡有中共代表参加会议决定之事，如欲有所变更，真是舌敝唇焦，不可稍变其态度也，况彼时民盟大多数代表对于中共的主张简直无不拥护，遂使中共的势力顽强万分。

自一月三十一日协商会议闭会后，宪草审议委员会旋即成立，该委员会除括有协商会议五方面代表各五人共二十五人外，另由政府推派专家十人加入，共同讨论；同时协商会议之综合小组继续存在，惟人选因有暂行离开陪都者，故重行推选，仍为每方面二人；其后对于政协通过的宪草原则，为着初步重行商讨之便利，更就综合小组中每方面推定一人，仿佛是一个五人宪草小组，来专任其事。我对于这三个机构，无不参加，而且是无一次会议不参加，特别是在那五人的宪草小组中会议的次数最多。此项会议多在国防最高委员会秘书长办公处之美专校街七号举行。此五人小组中每次均出席者为国民党的王宠惠先生与第五方面之我；至于其他三方面虽亦推有固定之代表，但往往委托他人为代。尤其是中共方面的代表最常常易人。他们对于易人出席往往寓有一些技巧。大抵在上次的会议中，他们屈于多数的意见，有不得不让步之势，便托词有事先退，或主张详加考虑，留待下次决定，但到了下次，毫无例外地他们上一次出席的代表定然不来，改以另一人为代；于是便可托词不接洽，要求从头再行讨论，这样便无异把上次接近的决议推翻。由于这样的关系，我们的很多时间与言词，便白白耗废了。我因为对于协商会议的三十五人会议，十人会议，与五人会议无次不参加，遂于宪草原则所继续商讨的每一细节与其经过无不目击耳闻，虽然事后回忆，未必毫无遗漏，但至少非数万言不能罄，与本文的目的不符，故所述暂止于此。

（一九五二年五月为香港《自由人》半周刊写）

重理粉笔生涯

我在拙著《现代公务管理》的"自序"中，开首有如下的一段文字：

余脱离黑板粉笔生涯，于兹适四十年矣。其间虽不断作短期之讲演，然连续至半年以上者，实为例外。今岁（民四十四年）三月应国立政治大学之聘，承乏政治研究所兼任教席，主讲《现代公务管理》，为期虽仅半年，每周所讲亦仅二小时，顾以此一科目在国内凤鲜可供利用之资料，即在国外亦不易得适当的参考图籍，不得已乃自撰讲义，每周一章，未尝稍辍，迄学期结束之日已成十有二章。课毕后补述二章，合为十四章；其中一至十章以论列现代公务管理之原则为主，十一至十三章则述一般管理实务，而殿以第十四章之结论。

从这一段短短的文字，不难略知我重理粉笔生涯的梗概；但要明了我的过去教学历史和此次重理教学生涯的情形，本可仿照我从前所写《我的学校生活》，《我的图书馆生活》等文，专撰《我的教学生活》一篇。但是过去的教学生活，开始于五十四年以前，终止于四十四年以前，许多印象已经模糊，至多只能保持一个轮廓，不如略古详今，较为方便。

基此观念，在叙述重理粉笔生涯以前，请略述我在距今四十余年前，十年间的教学。

在《我的学校生活》一文中，我只叙述到在上海英人所办的同文馆担任教生（Monitor）时为止。我当了约莫十个月的教生以后，有一家英文专修学校，名为益智书室，系一位同乡梁先生所创办。他自己主持该校好几年，学生有一百多人，颇发达而著名。后来他因为担任英国总领事馆的秘书，便请了一位林先生来代替他。经过一二年后，这位林先生自行创办一所名为南洋路矿的学校，颇具规模，便辞掉了益智书室的职务。梁先生自己既无暇主持，又舍不得停办了那一个已有相当名誉的英文专修学校，于是极力觅人担任。由于一位世叔伯的推荐，梁先生和我详谈后，并查明我在同文馆所担任的功课。他便毅然决定，与我订约。其条件就是由他供给现成的校舍校具和仆役，而由我担任教课；所有收入的学费，他得四成，我得六成，如果学生续有增加，我一人无暇兼顾，则我认为有延聘助教之必要，所有助教应得的薪水，由我所得的六成支给。我因为在那里每月可以净得的收入，不下二百元，比诸同文馆任教生所得每月二十四元的津贴，多至七八倍。也就答应下来。经过了大半年的时期，该校收了一名姓周的由日本留学回国的学生，据说他因为英文程度较差，请求做部分时间的补习生，他很用功，仅仅补习了几个月，便大有进步。一日他到我家里找我，说他是因反对日本歧视而罢学回国的一群留学生之一人，回国后他们创办一所名为中国公学的学校，该校的办事人员称为干事，是由同学们推举的。他曾一度担任干事，现在虽已辞兼职，但与现任许多干事都很友善。又因中国公学成立不久，学生和若干主持人发生意见，多数脱离出来，另办一所中国新公学。周生在新公学修业，不知怎样听到益智书室教授英文，进步甚速，每日以两小时专来补习，果然教法甚好。他自己得益之后，适因中国新公学缺了一位英文教员。他很想推荐我担任。我当时以益智书室毕竟是一所非正式的学校，和具有地位的中国公学不能相比；且闻任课钟点不及益智书室之半，而待遇反有增加。我固不过分重视金钱，但多得一点余暇，可供自己的进修，以我的年纪应作如此之抉择。

经过了数度谈判之后，我便接受了聘书，一面婉辞了梁先生的工作，好在一年的契约不久届满，我答应在契约未满的月余，如果梁先生一时找不着替人，我还可兼任到约满时为止。

在中国新公学我所担任的功课是最高两班的英文法和作文。英文法分别用《纳氏文法》第四册和第三册。当我最初上课的一二日，学生们质疑问难者颇多，经我一一剖析，不厌求详，渐渐博得学生们的信任，质疑问难的倒随着减少。我那时才十九岁，学生的年纪比我大的很多。以后和我相处最密切和关系最深的朱经农，便比我长一岁，至今尚健在台湾的前"审计部长"张承槱比我大三岁；但其中有一位年纪最小的学生，名胡洪骍，便是后来蜚声国际的胡适之，那时候才十六岁，比我小三岁。这些学生后来不少和我成为至好与共事的，曾经告诉我，中国公学的学生们，因为学校系由自己创办，对于所聘教师不很胜任的，绝不宽容。他们对于初来任教的我，也不例外，况且见我年纪很轻，又没有什么学历，初时质疑问难，便寓有考试教席是否胜任的意义，我幸而像真金之不怕炉火，他们遂一改变态度，敬爱有加。后来新公学因为经费无法维持，而中国公学由两江总督派了一位进士出身的候补道夏敬观担任监督，经费有着落，经人调停，两校复合为一，就是使中国新公学仍然并入中国公学。那时候新公学所提出条件之一，就是要中国公学续聘新公学的教员二人，其一是我，另一位是教博物学的程瑶笙先生。

中国公学不久便迁往吴淞炮台湾的新校舍，我每星期有四五日须乘火车，前往上课；而由上海同车前往吴淞上课的

该校亦知我不急需此款，也就往往移缓就急；所以在全体教授中积欠我的薪水最多。民国五年后我离开北平，南返上海，后来担任商务印书馆的编译所所长。中国大学适由王正廷先生担任校长，清理各种债款帐目，查明积欠我的薪水在一万一千余元，因写信问我能否作为对学校捐款，或以一部分作捐款，另一部分俟学校经济充裕，分期拨还。我早已不把此款摆在心上，接函后，立即复称，愿以全部捐助学校。近年在台湾，于某一场合遇见王正廷任校长时之总务长祁大鹏先生谈及此事，祁先生特别记得清楚，因为该款数字，超过银圆一万以上，且为全校教授最高之数，故一经提起，立时记得。祁君亦系中大毕业生，惟在我任教以后，在台时任"监察委员"，可惜前年去世，其去世时年龄尚远在臧哲轩之下也。

以上便是我在重任教学四十年以前的教学历史。这一段历史，除了民国元年中断大半年外，连续不下十年。但从民国五年起，四十年来，我便没有担任教课。这一次系因"教育部"在张其昀部长主持之下，决定使政治大学复校，并先办研究所，把大学本科留在稍后再商。部中拟令该校设四个研究所，就是政治研究所、外交研究所、教育研究所及新闻研究所。张部长特别重视此事，聘了专家十余人，对各研究所的课程加以研究。我也是被聘之一人。我除对各研究所课程略述意见外，对于政治研究则主张增设现代公务管理一课。依我的意见，行政贵有效率，效率视乎管理之得宜。我国某些大学尝设行政管理一课，实则行政亦含有管理之意，管理也算得是行政；行政管理构成一个名词，其内容不无混淆；曷若改称公务管理，办理公务便是行政，与行政管理意义之一略同；但如在公务管理之上再加上现代二字，至少含有两种意义：一是现代的行政范围较前加广，寓有加广的公务管理之义；二是现代管理，注重科学的方法，也寓有科学的公务管理之义。经我说明之后，大家都表赞同。想不到快要开学以前，该校竟聘我为该课的兼任教授，并力言此一课非我莫属。我因为只有两个学分，所需时间不多，便答应下来。

不过教学的时间虽不多，国内外却鲜有现成资料可以利用，为着便于教学起见，我只好自己准备资料，就是编定讲义。好在每星期只作两小时的一次讲演，所需资料不会太多，充其量不过一万字以内。所以每星期我预写一篇讲义，以一万字为度，先由教务处油印，发交各研究生在上课前先行阅览。到讲授时，我除发挥大意外，还补充若干实例。如有余时，即由诸生质疑问难，然后由我解答。此一科目计分十四讲，每讲均可独立。因此，许多篇经我撰写复印后，略事变动，即可交各刊物发布，藉以应付文债，可谓一举两得。此外还有我常在他处讲演有关公务管理之资料，稍加整理，以供政大研究生之研读，亦觉得事半功倍。因此，我对于每星期需要约近万字的讲稿，并不感觉费力。

半年讲义结束，复承张其昀君征取为《国民基本智识丛书》之一。嗣后各班新生听讲此一科目者，我嘱其先行购备此书。每次预先阅读一章，上课时便令诸生就各该章内容，依序各提出一些问题，由我解答。诸生亦得就所提各该问题，发表其意见，由我加以评断。照此办法，我对于每次讲稿用不着复述一遍，却由诸生分别提出问题，相与讨论解答。大抵每次两小时，无不专供讨论之用，不仅加深诸生之听讲印象，且可互相发明。迄今我已先后为五班研究生讲授同一科目，除讲义内容相同外，每一班每一人均可就其感觉之问题加以讨论。此一方法，诸生无不认为极有意义。

研究所的教授，除任课以外，尤其重要之工作，便是对于研究生论文的指导。我国硕士学位定为至少须修业二年，但往往都延长至三年。其硕士论文均从第二年开始写作，进行得较快的，一年之内可以完成，提出论文须在学科考试完全及格之后。此项论文并须经五名考试委员之口试，合格者始授予硕士学位；但许多研究生因为论文资料搜集未齐，或论文过长，写作未完，因此往往在两年届满后，延长半年或一年。查美国各大学校的初级学位，即学士学位，须提出论文始能授予，但硕士学位多数无需提出论文，因此，从学士到硕士，少则一年，多则一年半便可达成。我国学制，因硕士须经两年的研究，且以提出论文为必要条件，因此，以政大研究所的实际经验，两年得硕士者与三年得硕士者，大致相若，总计从一九五五年第二学期开始，迄于一九五八年第二学期，政治研究所授予硕士学位共三十九人，其中硕士论文由我指导者占十一人。

按政治研究所的专任和兼任教授约七八人；我以一位兼任教授，而指导的论文占了四分之一强，不能算少。而且我还侥幸得很，就是经我指导论文的研究生，中有四人，因论文得分在八十以上，遂有资格声请为高级研究生，以谋深造。

有人问我，为什么有这样多的研究生要求我指导。我想除了我不怕麻烦，无论怎样，学生们有所请教，无不乐予相助以外，或因我不是一位专家，却对于各种学科都略曾涉猎，尤其是读书极多，至老不倦。所以做论文的研究生，要我指导其搜集资料，多半不至于失望之故。此外我还有一种特性，对于研究生的指导，绝不采取武断态度。研究生对某一论点，能自圆其说者，无不听其自我表现。我认为研究生撰著论文，当视其搜集资料与分析论断所费的工夫，藉以训练其再进一步，以从事于学术的深造。因此，研究生的论断，纵与传统的或正统的主张不符，只要能自圆其说，不致违反逻辑者，不妨许其自持一说。

又我所指导的论文范围颇广，这不能表示我对于这些问题都有相当的研究。我常常觉得教与学是相长的。研究生们所提出的论题，如果是我毫未涉猎的，我就老实说明，不能指导；但我所允担任指导的，固然不少是我已有相当研究的，但也不乏研究尚未深切的。不过我对于后一项的论题，愿予指导，那就是表示我也决心自己随着指导的机会，作进一步的探讨，俾不致辜负被指导者的期望。

现请再进述我对于高级研究生的教学和指导。所谓高级研究生是指已获得硕士学位之人，更愿考入研究所继续研究三年以上，以期获得博士学位。

查我国学位授予法于民国二十年四月二十二日公布，二十四年七月一日施行，其中第二条规定学位分学士、硕士、博士三级。第二、第四两条分别规定学士与硕士之授予，迭经实施在案，惟第五、第六两条关于博士学位授予之规定，迄今二十余年尚未实施，则因其第七条第二项所称："博士学位评定会之组织及博士学位考试细则由行政院会同考试院定之。"故在授予博士学位以前，博士学位评定会之组织规程与博士学位考试细则均应先由行政院与考试院会同制定。而过去二十年间，因两院对于博士学位之授予初时十分慎重，以国内大学研究所成立尚不多，且为时未久，遂迟迟有待。继而抗战军兴，学校转徙，图书仪器大半丧失，研究环境多不适宜，不得不搁置。及复员以后，一度因授予原则，或由国家，或为学校，或专限于研究生，或不以研究生为限，两院之间未趋一致。嗣经国防最高委员会在三十六年四月十一日之决定："我国由各大学或独立学院之研究所迄未能均衡设置，复因战事影响，学术水准又难遂即提高；若径由各院校自行审定授予，微特博士候选人一时产生不易，即学术标准亦确定为难。最近二三十年间，不如仍依现行法所定，由国家统一评定授予；较为得计……据上理由，博士学位仍应依现行学位授予法之规定，由国家统一考试授予，不必更张。"未几，迁至台湾，两院磋商有关博士评定及考试之规章，又复搁置。

　　现因自由中国文教之发展颇有进步，研究风气渐盛，校院研究所亦相继成立；于是实行授予博士之议复起，惟赞成早日实现者固多，而主张稍待者亦不乏人。一九五五年间，我以"考试院"副院长之地位，主持是项审查任务，认为今日实有积极准备授予博士学位之必要。我所持理由，计有两端：

　　一、博士程度原无固定标准。授予博士学位之作用，首在鼓励研究。纵使初期获得学位之人未必遂能与学术水准较高各国之人材比拟；然研究之车轮一经推动，自必日进不已。若过分慎重，认为提早授予博士学位，难免水准过低，不在域内积极提倡高深的研究，而惟留学是赖，则研究风气永不能提倡，学术也就永无进展，这哪里是求学术独立与进步的道理呢？

　　二、关于理工农医方面，犹可言高深研究之设备需费过多，域内一时未能充分供应，不如留学他国之便利。但文法商教之研究对象恒以本国为主，其所需参考资料以图书杂志为要，搜罗设备亦较容易；在这一方面若干问题之研究，且较在国外研究为方便。

我就上述原则，详为发展，撰为《我国博士学位授予之研讨》一文，经于一九五五年某月在《新生报》发表，旋又由《考铨月刊》五十七期转载。颇得许多教育界人士的赞同。同时我又为"考试院"草拟博士学位评定会组织规程及博士学位考试细则，经院会通过后，函请"行政院"同意。当然，"行政院"对于此事系交"教育部"审议。其时"教育部"部长张其昀亦与我有同感，力主此时已届授予博士学位之时期，故其签复"行政院"力表赞同，仅提出微少的修正，"考试院"亦表示同意。于是此规程与细则照章均送"立法院"备查，想不到"立法院"竟有人主张"考试院"不应参加主管博士学位之授予，并主张博士学位评定会之组织应以法律定之。此一主张仅系有关两院的权责，初与应否开始授予博士学位无关，故我在这里不必赘说。

且说经过我的发起，张其昀部长的赞同，各研究所便开始设置博士科，经核定政治大学之政治研究所，台湾大学与师范大学之文史研究所得开始招收高级研究生。而首先招收者，即为政大政治研究所，第一届只有高研生一人，为一九五五年第二学期获得硕士学位之周生道济。

高级研究生注意自己研究，故所设学分不宜多。经政治研究所各教授详加研究后，决设两个科目，共十二学分。一为《中国政治研究》，又一为《中国政治典籍研究》。前者由浦薛凤教授担任；后者由我和萨孟武教授担任。我和萨教授约定，将政治典籍分为制度与思想两部分，前者由我担任，后者由萨教授担任。

政大高级研究生，迄今已开办三次，除第一次仅周生一人外，第二次为三人，第三次为二人，皆系政大政治研究所先后获得硕士学位，而成绩特优者。

我对于各位高级研究生的指导研究，包括授课在内，因为人数不多，或在校内，或在我家，而周生因只一人，则全部时间在我家。对于中国政治典籍一课，我大体是指导诸生先作鸟瞰，然后渐求精密；并且使我费力极少，诸生费力甚多。例如对于其中类书的研究一讲，我酌举大概后，即使诸生就可能参考到的各种类书，就其体例一一比较，然后就所含政制资料较多之某一种类书，按我所指定之某一事项，详细参考其所有之资料。又我私藏类书较此间许多大图书馆，尚较完备，亦尽量开放，使诸生涉猎，事后均撰著研究报告。他如对于各种政书的性质比较，亦于每次开始讨论时，由我举示要旨，即嘱各高研生分别翻取各书内容，撰述报告，以见其心得。

至于博士论文题目，我对周生，自始则劝其从事于我国宰相的研究，经过相当时期之参考与研究后，乃决定以汉唐两代为研究范围。此一论文，因尚属创举，故由三教授共同负责指导。迄一九五九年五月内，全部论文业已写成，约七八十万言，洋洋大观，过去得未曾有，费力之勤可以想见。

此项论文，本所如按"政""考"两院共同通过之博士评定委员会组织规程处理，则周生当然是首先一位被授予博士学位之人。无如由于"立法院"自动修正学位授予法，将博士评定委员会之组织，改以法律规定。于是只好先由政大组织一博士学位候选人考试委员会，先将其候选人资格确定。然后俟博士评定会组织条例通过施行，再举行正式考试。如果此一条例通过较迟，则其他研究所之高级研究生一起应考，周生原应为首一名之博士者，或不免要丧失此一名义矣。

以上便是我在台重任教学以来四年间的经过。

总之，我以一个毫无学历的人，靠自己的努力摸索，从事教学，以由教生开始，教中学程度的英文，继而主办一所英文补习学校，及执教中国公学，所任课程，相等于大学预科。入民国，从大学预科，而本科。其后停止教学凡四十年。来台后，复兼任教授，则从大学研究所之硕士班开始，嗣兼教高级研究生，即博士班。从这样一段段的经历，我总算担任过各级学校的教席，只是没有教过小学。记得一九五九年某月应"国校"教师研习所三周年纪念会邀约讲演，我于讲毕以前，表示今后一种志趣，即于统一以后，我极盼担任一所农村里国民学校的校长，当时博得满场的热烈鼓掌。说句老实话，这绝对不是一句敷衍的话。

（一九五九年夏补记，未发表）

入闱记

真的，我已于八月九日下午六时实行入闱了。考试入闱之制，我国由来已久。前代无论矣，即国民政府于首都南京举办高普考试之初，典试委员长及所有典试委员无不入闱，非俟全部试务完毕，不得出外。迁台以来，因无固定试场，限于事实，除办理试务人员如监印缮印试题者，为保守秘密之必要，乃假试场一隅，留居其中工作，不得自由外出，以免有泄漏试题之可能外；所有典试委员长及典试委员悉依典试法之例外（典试法施行细则第九条第二项，典试委员长及典试委员自命题之日起应住宿典试委员会内，但有特殊情形者考试院得变更之）规定，放弃入闱之习惯。由于历届高普考与各项特种考试之典试人员皆为自爱爱国之士，在六七年间，历数十次之考试，向无试题泄漏情事，殊难能可贵；而"考试院"历年对于典试人员遴选之审慎，亦有足多者。

惟是一九五六年"考选部"中医师检核委员会举办之

中医师面试，其中若干面试委员竟有泄漏试题，以图利自己及他人情事。按中医师面试仅为检核之一步骤，"考选部"依中医师检核委员会推荐而聘任之面试委员原不能与依典试法规定经考试院遴选呈请"总统"简派之典试委员，或由考试院长选派之主试委员并论，即检核之结果亦与典试之结果异其趣；盖典试委员会一经组织，即具有决定录取标准及人数之最后权力，而面试委员等之面试结果仅构成检核程序之一环。检核之终极效用，对于专门技术人员方面，虽无殊于考试，然仍须层经"考选部"部务会议与"考试院"院会通过，始能达成，与典试委员会或主试委员会可以径作录取标准与人数之最后决定，无须经过"考试院"会确认者有别。

在法规的效用上虽有如此之差别；然由于此次中医师检核之若干面试委员确有出卖试题之事实，于是平素重视考试权与"考试院"过去之成就者，不免因惋惜而怀疑，又以未能洞悉真相，辄难免惹起引申的非必要的误会。吾人对于此种惋惜怀疑，甚至误会，其出自善意者，固应感谢与益自奋勉，即间或出自恶意者，亦惟有藉益自奋勉而以事实之表现为之答复。

根据此一立场，吾人因向来处事相当慎密，鲜有错误，致不免自满之观念，亟当立予扫除。无论是否足以自满尚成问题，即使差堪自满，亦当谋更进一步。由于"考试院"向来重视典试委员之遴选，幸而历届皆称得人，未尝发生疏漏试题之事；然此举专赖人的方面，尚未兼顾法的方面；而所谓法的方面，例如我国流行考官入闱之制，夙为优良的传统，徒以限于事实，近年不得不放弃此良好之法，而专赖于人。此诚为不得已之举。但如在全体典试委员无法一一入闱之事实下，能由典试委员长代表全体委员入闱，因而纵不及全体入闱之慎密，至少可使慎密程度迈进一步。此在今日之局势下，实有自我作始之必要也。

此一观念，我在去年任一九五五年公务人员高考典试委员长时，即已具有，不自今年始也。去年我所以未实行者，初因富有考试经验之某君以一日之试题多至百种以上，为文在五六万字以上，而科目繁杂，各有专门，设命题缮写偶有笔误，在闱外拆阅，对于疑而未明者自有向命题委员查询之余地。若于入闱后始行启阅，时在深夜，向命题委员查询既不可能，而翌日即须利用，又不克久待。职是之故，仍以提前由典试委员长在闱外启阅为便。我因此不免犹豫；嗣又因某种特殊任务，在考试期内必须出外参加，是则纵使勉强入闱，仍难维持到底，遂不果行。

今者，个人既无去岁之特殊任务，而试题机密更有加强之必要。于是我之代表全体典试委员独自入闱之意志更为坚决。然又有突发之一事，使我的意志遭遇一时的动摇；幸旋即不顾一切，坚定如故。此事亦有略予叙述之必要。

我少时多病，体格原非强健；然藉多时苦斗之磨炼，中年以后，顽强逾昔，近十余年，殊不知有病。即对于年事较高者常患之高血压症亦漠不关心。仅于两年前趁内子延医诊治检验血压之际，顺便一为检验，记得彼时之低血压为七十左右，高血压为一百四十左右，医生认为正常，且谓无宁视为略低，余遂益不注意。两年以来，顽健有加无已。直至本年七月三十一日始发觉一个人之肉体终逃不脱年龄与劳苦之试验。

我自去年一度任高普特考典试委员长后，辛劳四阅月，幸免错误，满以为一度应征，当可免役，至少可免连续服役。且去年院会讨论通过一九五五年高考典试委员长人选时，我与莫院长及各考试委业有诺言，去年因莫院长大病新愈，改由我僭先任此席；今岁自应由院长担任。故六月杪院会讨论及此，一致维持诺言，公推莫院长为一九五六年高考典试委员长，由院呈请"总统"特命。莫院长虽力辞，以迫于众意，亦勉予承诺，于院会后数日录案呈报"总统府"。惟不知何故，莫院长血压由平常之一百四十余度，突增至一百七十余度，鉴于去年之病，不欲轻于尝试繁剧，遂据实呈明"总统"，恳请免任此席。于是此一重任又加诸我身。明令下降，已迟至七月十六日。事实如此，我也不敢固辞；惟事前迄无丝毫准备，至是始从事于典试委员会之组织；加以本院院会因事迟开数日，直至七月二十八日下午始集会通过典委会人选。由于我所推荐的典试委员事前均未征求同意，故在院会决议之次日，我接连以两日半之短期间，分别拜访各被提名之典委，同时又亟须准备在两三日内召开之第一次典试委员会议议程，特别是将近五百种科目之分担命题问题。此数日间，我之忙迫，真是有生以来仅见。到了七月三十一日，即召集典试委员会议之日期，午前我突感头晕，直觉地意识到不日开始考试，而且准备入闱，工作尤为紧张；乃瞒着家人，私往熟识之饶医师处一检血压，想不到这位两年前顺便为我检查血压之医师，彼时认为我的血压正常，且略低者，现在却检出我的血压一跃而达高血压一八五度与低血压九五度。医师除给我开方，购服几种特效药外，当然劝我要多休息，勿过劳。我因此便把不日要入闱，整夜工作六七天相告。他固然不便阻止我为国家的抡才大典尽其职责，却不免深致关怀，劝我在入闱前养精蓄锐，以应艰巨。但他哪里知道我在入闱前种种准备工作之紧张，除了不必在深夜工作外，未必稍逊于入闱之后呢？他所开的特效药，据说有一种须向美国或香港访购，我只得函嘱现在香港任职之三小儿访购，并告以最好能趁本院黄委员返台之便托其带来，以应急需。

在此情形之下，我真是面临一度严重的考验了。旬日前邱毅吾兄突然谢世系由于脑充血，而其最近的血压程度据说高者为一百八十，低者为一百十五，除其低者较我现在加二十度外，高者转较我低五度。固然我的现象较佳处在于高低血压相距之远，足证血管具有相当伸缩力，尚未臻于硬化。入闱后，在习于报馆生活以夜为昼者，固不致有何问题；但我数年以来，早眠早起已成习惯。平时晚间九时入睡，昧爽三四时便起床，今突然变更习惯，改为昧爽三四时入睡，而由于早起浸成自然，恐不易于白昼睡眠，以补夜间之不足。于是劳苦之外，益以睡眠不足，高血压者难免益加恶化。因此纵不如毅吾之不幸，但一回忆先父因脑血管破裂而偏废二十余年之往事，如在目前，不仅未能继续为社会服务，即对一己之生活起居，尚有待他人之扶持。因此，心头有如辘轳者竟日，却绝未与家人或任何他人相商，且力恳医师为严守秘密。

五月三十一日晚第一次典试委员会议的最后一节目，便是我提出有关命题注意事项，计有十二条，附列于后：

命题注意事项

一、命题务由典试委员亲自处理与缮写，万勿假手他人缮写或打字。

二、缮写试题务请使用本会所备试题纸，字体务期明晰，以免复印讹误，并于试题纸及封套上一律标明所考类科科目等级及考试时日，加盖命题人印章。

三、同一组有典试委员二人以上时，由各典试委员商定分任本组各科之命题。

四、同一科目有不同等级之区别时，得由担任同一科目命题之各典试委员分任不同等级之命题。

五、同等级之同一科目得由各典试委员分任各该科目正题或副题之命题。

六、同等级之同一科目如考试时日不同或应考类科不相同时，应分别命甲乙两套题目，前者如理则学，因普通行政人员文书组与编译组应考该科目之时日不同，分别命题各一套；后者如国文，因行政人员与建设人员有别，应分命甲乙两套题目。

七、同科目分任命题之各典试委员除于命题前得协商范围及程度外，命题后祈勿交互阅看，以明责任。

八、典试委员对于若干科目认为有委托襄试委员命题之必要时，经将各该科目名称及拟托命题之襄试委员姓名报告典试委员长后，各该襄试委员独负对其所命题保守秘密之责任，于命题后密封径送典试委员长拆阅，无须先交委托命题之典试委员阅看。

前项襄试委员命题注意事项与典试委员相同。

九、典试委员或襄试委员独任一科目之命题时，务请兼备该科目正副题目各一套。

十、正题副题务请分别盛入颜色不同之封套内，并于封套骑缝处加盖命题人印章。

十一、所有试题务请于八月六日由命题委员亲自或派妥人送交典试委员长签收（典试委员长当于是日午前八时至下午六时在新生南路三段十九巷八号寓所接待）。

十二、典试委员或襄试委员有儿女兄弟参加本届考试者务请声明回避，免予担任其儿女兄弟应考类科之命题（阅卷同样回避）。

上开动议通过后，我随即宣布决由我个人代表全体典试委员入闱，而丝毫没有变更我的原意志。此一意志曾因高血压之突发而一度动摇，但其动摇情绪终为理智与责任感所克服。

我认为任何人迟早不免一死，生平尤不能无病。像我近年几不知有病，总算侥幸万分。但如我幸能活到百岁，而且毫无疾病，我是否可以自满呢？此则视乎各人的自觉。一个醉生梦死的人，只顾个人或一家逸乐，而不愿为国家社会作任何牺牲。据他个人的自觉，可能自满，但此项满足实在是自私的。还有一些人，表面上纵反对自私，却不肯对现实职责而牺牲，惟高谈保持此有用之身，以为他日对国家社会作更有价值的贡献，那时候甚至牺牲生命亦所不惜云云。但是为国家社会服务牺牲的机会不一定随时都有；如果漠视或窥避现实，而惟憧憬于未必能实现的将来机会，因此，便可能永久放弃了其为国家社会牺牲的机会。本来世界之大，个人原极渺小，以渺小之身，却空怀未必能实现之大志，则何如实事求是，把握目前，只问应做不应做，不计值得不值得。西方人士对于捕盗拯溺，辄奋不顾身；东方人士则往往以事不关己，犯不着冒险从事。盖因捕盗拯溺可能牺牲一己，自功利方面观之，诚有不值得之处；而此一救助人之机会，稍纵即逝，如过分考虑值得不值得方面，束手旁观放弃了人类伸张正义的机会，则人类成为自私之人类，此一世界将演变为何种情况，甚至此一世界是否值得生息其间也成为问题。

德国铁血宰相俾士麦功名煊赫，举世咸知。执政后，胸前常佩一铁质小十字章，即在樽俎折冲之际鲜有兼佩其所获得无量数光耀眩目之勋章者。某日在一隆重之外交集会中，各国出席人员咸满胸勋章勋表，俾士麦独佩此一铁质小十字章。人怪而问之。俾士麦曰：任何勋章皆不难获得，独此渺小者难能可贵，足资留念。事因十余年前，俾士麦方任高级军官，一日戎装骑马，行经深潭畔，突见一儿童坠入潭中，乃奋不顾身，连马也不及系，立即跃入深潭，卒把儿童救起。俾士麦本非擅长游泳者，其所膺军职至为重要，所救者又不知谁家儿童。他那时候只知道应为与不应为，绝未想到值得与不值得。其见义勇为有如此者。事后由该地市政府奖以此一铁质小十字章，俾士麦亦终身佩之不辍。

上述故事，我在青年时代仿佛读过。留德多年之杨教授一日与余闲谈，亦偶及此，足证余之记忆不错。因相与太息不置，认为国人之人生观实有革新之必要也。

我对此一类事件，平素是赞同西方观念的。因此，遇事只问应做与不应做，不计值得与不值得；也就是只求现实心之所安，哪管未来的玄妙远景。西谚有"昨日已过去，明日尚未定，今日即在此；好好地利用它罢。"Yesterday is gone，tomorrow uncertain；today is here；use it. 我的人生观，平素如是；这一次并没有例外。在港替我买药的三小儿，亦照俗例来函恳切劝我，我也就以上述的理由昭示之，并切嘱勿函告内人，以免劝阻无效，徒然挂心也。

在特效药尚未由香港购到以前，我连日大量（超过医师所指示者）服用此间所能购得之药。虽辛劳倍昔，而信心坚强，经数日后复诣饶医师检验，则血压已稍低落，即高血压由一百八十五度降至一百七十二，低血压由九十五降至九十。及入闱之日，再度复检，高血压又降至一百六十，低血压降至八十五。饶君深为余庆，但仍切劝节劳，意至可感也。

我既决心入闱，则不能不于闱外预作入闱工作之准备。入闱工作所以特别紧张，因约近万数之考生，从全岛各地集合于此，按照三个月前"考试院"公告之日程应试，我固不能更张，亦不能因办理不及而延期，以致万千考生咸受金钱时间之损失。假使能如在南京的情形，典试委员长与全体委员咸于考试前若干日共同锁闭闱内，分任命题核题等工作，则不仅绝对机密，即于考试日程之严格执行，亦绝对不成问题。反之，若仍照迁台以来的历年情形，典试委员长与各典试委员皆不入闱，而典试委员长于收到各典委命题后，得以宽裕之时日，陆续启阅核定，则对于考试日程之执行，当然亦无问题。但如我在本届高普考所定的办法，各典委虽在闱外命题，典试委员长却不在闱外启阅，而惟逐日于午后检齐次日所需之试题，在闱内经监试委员会同验明，然后开拆。以每日考试科目率在百数以上，每一科目合正副题平均八道，总计不下八百以上之题目，以每题平均六十字计，不下五万言。典试委员长一人以整夜工夫对此五万言以上之各科题目，一一过目，间亦不无需要斟酌窜易者。如能在午夜一一核定，则担任缮印包装之同人尚须迟至黎明四五时始得竣事；故如我的工作完成更迟，他们简直要到天亮后才得休息，甚至还有能否赶得及次日考试的需要问题。因此，我至迟须在午夜一二时把次日午前的试题全部发缮也。在理次日午后所需之试题固不妨于次日午前缮印，不过以同一组人员，日以继夜工作，精神总是不克支持的。由于我一个人的工作迟缓不免影响到三四十位同人的休息和精神，甚至还不免影响到万千考生的时间和金钱；故入闱工作之紧张，自非闱外工作可比。

有些人说，入闱工作，在夜间虽甚紧张，然而次日可以大睡特睡，未尝不可恢复精神。此说对于若干具有特殊经验的人，如日报编辑等，长年俾夜作昼者，自无问题；而对于我，却大大不然，至少不是短时日可以适应的。原因是我自最近三五年来，都是昧爽三四时起床，而晚间九时甚至八时半已上床休息。今突然一反多年习惯，迟至平时起床时方入睡；而习于早起者亦非短时期可能养成迟起的特性。

如果此一特性不能早日养成，我在这七日间势必减少睡眠，睡眠本为恢复精神消泯疲劳的最有效方法，今一面倍增辛劳，一面减少睡眠，益以生活方式突然改变，紧张心理不断留存，则入闱后，血压高度有增无减，自属当然；但望由于药物之奏效，足以遏抑其过分提高而已。

我怀着这样的心情，绝不使任何一位亲友得知，卒于八月九日下午六时入闱，而开始我有生以来一星期间的特殊生活了。

以下逐日记述我在闱内之生活足资一记者，有话便长，无话便短，一以事实为据。

第一日，即八月九日傍晚至次日下午三时——今日入闱，时在下午六时十分，比至则除机要组各同人先我约一小时已迁入，准备从事艰巨的工作外，监试委员李正乐先生，因在高考期内担任闱内监试事宜，亦先半小时来临；而考试院长莫柳老亦在闱内候我，致慰劳之意。略作寒暄后，柳老辞去，我赶即开始当前的工作。其中第一项便是把准备好供次日试场应用的题目九十三套，依序检交李监试委员查明每一封套骑缝所盖命题人印章均属完好，证明我未在闱外拆阅。于是由李监试委员签给我便条一纸，其文如左：

"由典试委员长提出十日试题九十三套，经本人验明每套骑缝均经原命题人盖章完好。"

此一工作，处理得至为迅速，阅时不过十分钟左右。因我曾尽量利用闱外的准备时间，把每日各科目试题，按照考试日程表排列的先后顺序，删去各类共同应用之重出科目，每科目各编一号，再以甲乙丙丁，ABC，天地人等字，冠于其上，分别表示高考之第一二三四日，普考之第一二三日，与邮考之第一二三日。例如甲13，指高考第一日即八月十日所用之第十三科目试题，而所谓第十三科目，即按日程表上依是日场次之先后，自右至左（删去重出者）之第十三科目，换言之，即为国际关系一科。我在短促的准备期间，亲将四百四十余科目，一一分别记载于四百四十余张活页上，以科目为纲，分记（一）应考者类科及各该类科人数，（二）命题人，（三）日程表上所记之号码；然后于每次收到题目分别注明收到时日与正副题是否完全。这是有关科目之记录。此外还有一种命题委员活页记录，凡担任命题者，不问其为典试或襄试委员，一一分页记载，以人为纲，而分记（一）担任命题之科目，（二）各该科目所属之类科。其有同一科目因应考人性质不同与应考时日不同而有分命两套题目之必要者，一并记明，以便查考。我的第三种记录，系于高考和普考的考试日程表上，以红笔涂去不同类科共同应用的同一试题重出者，使未经涂去之科目皆成为实际上命题之科目，然后依上述办法，分别用红笔各加一号码，并照上述分别冠以甲乙丙丁，ABC，天地人等字样，俾一望而知其为何日所应用者。我的第四种记录，即就考试科目及委员分组表，除将每一科目之命题典委或襄委一一注明外，并参照科目活页记录上所记之科目号码，亦即日程表上所标记者，一一填注。以上四种记录，彼此互相参证，纵然偶有一二处错误，终可由参证而纠正。

记得一九五五年高考我担任典试委员长时，因事未能入闱，遂于寓所拆阅各科试题，虽亦分日排比，但未如今之系统分明。余每晚亲自携带已核定之次日所用试题全部，至闱内点交主持机要试务之宛主任秘书，点收时由于日程表上所排列的科目次序与我所缴交题目的顺序不同，而日程表中若干类科共同应用之试题亦未删去，以致混淆视线，结果费时甚多，往往在一小时左右。是则制度化之为用，实甚显然。

我于上述会同监试委员点验试题封套，并取得证明书后，立即进入闱内为我专设的办公室，依次将各科试题拆阅。第一种试题为国父遗教。其中备有正题副题各四道。我对于国父遗教，愧未精研，而命题委员又为党义权威，凤所敬重；但经我详核正副试题后，觉得副题中有关集会讨论之一题，为民主政治之基础，关系实甚重大。国父孙先生所撰《民权初步》，即基于此。此在英国通称为Parliamentary Law，盖英国议会集议实以此规律为之准绳。然我国许多大学毕业生，甚至若干政府要人，尚未必深明其底蕴。记得上月我与新近逝世之邱毅吾兄及其他三人会同执行某大学研究所结业生某人之硕士论文口试，该生平素甚用功，成绩斐然，然毅吾询其曾否读过英国的Parliamentary Law，该生茫然，支吾其词，卒自承未读是书，而不知其即为国父《民权初步》所本，该生不仅耳熟能详，且至少已阅读数遍。无他，读自读，行自行。欲实行民主政治，非从集会讨论的方式养成牢不可破之习惯与精神不可。因此，纵然正题四道皆甚适当，我却斗胆删去其中一题，而易以副题中有关集会讨论之一题。事后，我尚未及向命题之某先生请教；如果变更失当，我自当独负其责，但私心自信某先生或亦许可，至少亦不以为忤也。

我对于文史及社会科学范围内各试题，因平时多曾涉猎，此际既负典试全责，无不略费心思，间亦作少数的窜易；独惜时间所限，个人亦未尽入门，只能浅尝辄止。至于理工农医等科目，或仅识皮毛，或全属门外，仅约略通读一过，对于疑义尚鲜者，即悉照原稿，至多只改正偶尔笔误或补充标点而已。但对于牙医中之一科目，我却做了一件似乎很荒唐的事。只以迫于事实，不得不如此，事实是这样的：

牙医考试科目中，有一称为"口腔卫生学及齿牙矫正学"者，盖二者合而为一。由于此次我不在闱外启阅试题，入闱后工作至夜十二时许，始发现其中试题四道，全属于口腔卫生范围，无一题可勉称为齿牙矫正者。意者命题人为间接受委托之襄试委员某君，而牙医类之典试委员又严格按照余此次动议之命题注意事项，未便予以复核，即径送典试委员长。余亦严格自律，不在闱外启阅，以致发现此项缺憾时，业已超过十日之零时。时已深夜，一般人皆入睡，原命题之襄试委员及牙医科典试委员均无法邀约面商，修正命题内容，以符合三个月前业已公告之应考科目。我经过再三考虑，不得已就该科目正题副题各四道而皆属于口腔卫生范围者，选定两道专属口腔卫生题目，又一道略带齿牙畸形意义者勉可视为口腔卫生与齿牙矫正之共同试题外，于是利用个人之常识，冒昧自命有关齿牙矫正学之一题，文曰："试述齿牙矫正学之发展经过与其在牙科中之地位。"当时为应急计，实不得不如此；然自计此题之目的在试验考生对于齿牙矫正学之发展史及其与牙科之关系，纵未及齿牙矫正的技术范围，究与齿牙矫正攸关。事后曾以此请教于某君，亦以为尚合分际，并誉为应急之才，则不免使余汗颜矣。

　　此外试题，幸无意外发生。此皆由于各命题委员之认真处事，且体念余入闱工作，时间仓卒，无可与商榷者，虽命题时日远较去年缩短，而命题之结果，不仅内容正确，即缮写亦丝毫不苟，使余得于晚六时半迄午夜一时左右全部校阅完竣，缮印包装各同人得于黎明五时竟其全功，而得半日的补行睡眠，此则不仅个人深切感谢，"考选部"各工作同人亦定然同样感谢也。

　　是日我所最苦者不在乎试题之核阅困难，而是由于个人

员及律师会计师之用；乙组供投考建设人员技师医师药剂师之用；并依所提命题注意事项，将两组题目由语文组各典委分别担任，而不由一人兼任两组命题。此次高考之国文甲与国文乙试题固较去年不加区别者更适当；即甲组题目亦较去年稍浅；而乙组论文题为"管子曰：善治国必先富民而后治之。孔子告冉有以富而后教。孟子语齐宣王以先制民产。国父三民主义重心在于民生。四人论政，如出一辙，试申论其意义。"其内容侧重经济，对于投考建设人员者之身份，亦殊切合。本来国文乙组正题中之公文题与甲组大致相若，我为使该组论文公文试题更联系，乃取原拟乙组之公文副题易之。此外各科目试题悉与封套所标识之性质相合，缮写亦甚清晰，我所费的编校功夫较昨夜略轻，遂于十二时半提早毕事。

今夜睡眠较昨夜有进步。工作完毕后，阅十数分钟便已入睡，且睡至次晨五时许，精神亦较佳。

晨起，早膳后，续写《入闱记》。十时左右"考选部"孙次长为后日"外交官""领事官"应考人口试事来商。向例此项口试分为二组：一组向由兼任典试委员之"外交部"长或次长主持，注重仪表与外国语；又一组向由历年任外交组典委之黄大法官正铭主持，注重才识与言词。今岁除第二组仍请黄君主持外，第一组因叶部长适赴韩聘问，未能参与，孙次长拟请余兼领。余不得已勉允。该组除兼请陈石孚、洪耀勋两典委主持外国语口试外，余将集中注意于仪表方面。闻"外交部"对仪表极重视；本届以兼典委之叶部长因公出国，余遂勉任此一项目。自计对于相人之术向无所知，惟鉴貌辨色，多凭经验，老于世故者往往能知梗概，余又何辞焉。

与孙次长谈话中，获悉院长莫柳老将于本日十时半以后再度来试场巡视。彼时余尚未出闱，本不便前往闱外之试场巡视。因思柳老远来，我以主持人之地位在理宜相陪，且既有"考试院"最高长官相偕，若更能邀同监试委员一起巡视，巡视毕由柳老或监试委员伴同返闱，则虽破例，实无伤大体。因嘱孙次长于柳老抵台大法学院试场时相告，我当下楼相陪。十时半左右柳老及监试郭委员连同五六位典试委员已候我于楼下，遂即偕同巡视一周，并及成功中学试区，十一时半以后，由柳老伴余复入闱。这是入闱后之一插曲，亦有一记之必要。

第三日，即十月十一日傍晚至十二日下午三时——今日待发之试题科目最多，共一百零五套。我于七时一刻开始拆阅，迄十二时一刻，便已全部完成。其中最值得注意之一事，为宪法亦仿国文例，分命甲乙两组题目。此乃出自宪法组各典试委员之自动。其分组与国文题正同，即甲组试题供各类行政人员司法人员及律师会计师之用，乙组则供建设人员技师及医师药剂师牙医师之用。该组各典委集议之后，决推张知本、陈启天两先生分任高考甲乙两组命题，谢瀛洲、陈固亭两先生分任普考甲乙两组命题；且各备副题。甲组内容稍重理论，可使考生尽情发挥所见，例如其中第一题"中国历史上之政制，或主强干弱枝，或则内轻外重；皆不免流弊。近代各国亦为中央集权与地方分权之争；今欲补偏救弊，应采用何种制度？"乙组内容注重具体规定，例如其中第一题"试就现行宪法说明人民自由之种类及其保障方法。"此两题一经比较，不难立时断定甲组第一题中外古今无所不包，解答者不仅须明了宪法之规定，并须对中外历史融会贯通，除宪法上的知识外，并可试验通才。乙组第一题，则专就宪法中有关人民权利义务一章熟知其内容者，便不难作满意之答案，所问者既属具体，所答亦然。当然答者亦可旁征博引，以发挥其通才，但是否如此，悉听自择，并非必要，与甲组第一题，须从中外历史背境下笔者自不同也。建设人员及技师等究心技术与其有关之理论，费时至多，自不能期其能如应考各类公务人员及司法人员者之侧重社会科学，对于社会科学中一部门之宪法较易穷源竟委者不同。其所以以宪法为应考科目之一者，则因任何一个公民必须明了宪法之规定，故所考内容尽可注重具体之规定，而无须旁及理论也。

本日考试科目有热工学及选矿学各二种，则因科目虽同，考试时间亦同，惟内容各有侧重，例如机械工程科之热工学包括锅炉蒸汽机蒸汽轮机及内燃机等，而电机工程科之热工学则无此侧重点；采矿工程科之选矿学应包括选煤学，而冶金工程科之选矿学亦无此必要也。总计本届高普考全体科目中，类此者不下十余种，命题发题皆有特别注意之必要，否则张冠李戴，对考生既失公平，对试政则不免有挂误矣，可不慎哉！

今夜零时许，全部试题业已校发完毕，疲极而眠，瞬即入睡，一觉醒来已是昧爽四时许。余在平日必立即起床，今因连夜睡眠过迟，乃续睡，再度醒来，已七时许，此为余旅台五年以来所仅见，足证习惯有非不能改变者。窃念假使余改就报馆编辑生活，一星期后，定能一变早眠早起而为迟眠迟起。盖适应环境之能力尽人皆有，余则似乎较强耳。

今日因夜间睡眠较多，精神一振，继续撰写《入闱记》，迄下午三时出闱之际，不下四千言，中间，且将各典委推荐襄试委员人选在入睡前未及一一制卡片者，分别补制完毕。

第四日，即八月十一日傍晚至十三日下午五时——此系高考最后之一日，考试只有二场。除第一场之本国历史及地理，与中外历史及地理系由全部考生按类科分别应考外；第二场只有医药牙科分别应考之三科目。因之，我在第二场题目分发后，即上午十时卅分以后，便可出闱休息，至晚间始复入闱，拆阅普考及邮政特种考试第一日之试题。想不到还有"外交官"、"领事官"及普通行政人员编译组一百十余人的口试。依向例分为两组举行；第一组考验仪表及外国语，第二组考验才识与言词。由于此项应口试人员以"外交官"、"领事官"为主，编译组考生较少，辄附入其中。除第二组仍由历届主持之黄正铭先生继续担任，而佐以两襄试委员外，第一组由同人推余主持而兼请陈石孚、洪耀勋两典试委员参加。口试从上午十时三十分开始，上下午继续举行。初拟由陈石孚先生任英语口试，洪耀勋先生任日语口试。嗣查规定，此次口试限于第一外国语，而依我国教育界之公认与本院最近之决定，所谓第一外国语为英语或法语，而日语不与焉。于是临时商定由石孚一人发问，而对于考生答语之记分，则由陈、洪两君分任而平均之。余则专注意各考生之仪表，简直成为风鉴人物，然处世数十年，对人接物经验尚不薄，只要慎重观察记分或不致过当；经过了一百十余人之口试后，我发觉仪表得分达标准者与外国语得分达标准者，约有三分之二相同；其他三分之一，则非仪表佳而外国语不佳，即为外国语佳而仪表稍逊者，既系分别主管与分项记分，余之所记虽较后，却不因其他项目记分之较低而影响余对于仪表记分之标准也。

今日午前参加口试者五十六人，自十时三十分开始，迄下午一时十五分始毕。当由"考选部"史部长邀同各口试委员、监试委员与余出外，觅一食堂果腹，然后同返试场小憩，以备午后继续口试。饭毕余以距下午口试开始尚有一小时，陈石孚君拟回家休息，余遂乘车先送其返寓，自已亦顺便返寓，取衣服更易汗湿者。半小时后复乘车接陈君同返试场，适为三时前五分钟。及时间已届，咸返试场，依午前办法，继续考验六十名之考生。至五时十分，全部完毕。此次口试，"外交官"、"领事官"应考人实际出席者约一百名，而尽系男性；编译组应考人十五名中则有女性二名。记得前此曾有应"外交官"考试及格之女性若干人，今竟无人应考，怪以问"考选部"某同人，据称最近数年"外交部"以女性结婚后，远适异国独行固不近人情，与其夫及家庭偕行，又不免影响其夫之业务，因此不主张选拔女性为"外交官"、"领事官"。投考者获悉此事，也就不复投考。然乎？否乎？得当当证实之。

今日因上下午各列坐数小时，我虽不发言，但对于石孚与各考生之问答，无一语不予注意，也就无一分钟之休息，较之鉴衡仪表之责任，更为严重紧张，口试既毕，余于五时半返家休沐，颇感疲乏，浴后原拟略睡，因为时已晚，明日为普考及邮务特考开始，应用题目套数虽不如高考开始三日间之多，然亦不在少数，为免延迟机要组各人之睡眠，赶即用膳，膳后返闱，不敢稍迟。

第五日，即十三日傍晚至十四日下午四时半——前此每日考试三场，故余可于第三场试题发完，即下午三时后出闱。自十四日起，每日接连考试四场，而第四场在下午四时

自办考试，今年首次改请"考试院"主办，余适逢其会，主持试政，正与去年高考兼办军法人员考试相同，均值得纪念也。

自试场返闱后，继续写《入闱记》。事后追记，虽甫隔数日，要不如现场记述之详尽。今日必须补记至昨晚工作之情形，此后数日或可即日记述矣。

今晨方委员永蒸访余于闱内，对十六日普考心理测验事有所报告。"考试院"历年于高普考，或仅于普考中，举行心理测验，均系试验性质，不发生考生淘汰作用，故向来皆由院中考试技术研究改进委员会主办，而与典试委员会无涉。今年高普考前，院会通过本届普考心理测验由试验性质进而发生作用，即决定测验结果成绩居最劣之百分之十者应予淘汰，是已从试验性质进至典试范围。余在入闱前，曾转致考技会主持心理测验之考试委员方君，谓由于心理测验业经院会决议发生淘汰作用，即等于考试科目之一。所有办理心理测验人员必须分别纳入试政与试务系统，例如有核定分数之责任者必须为典试或襄试委员；而有协助计算或统计分数，以及考试时临时聘用之监场人员而向来名之为主试者，必须为试务人员。前者除典试委员系由考试院呈请简派外，襄试委员则由有关系之典试委员荐请典试委员长聘任；至于协助测验之人员既属试务范围，自须由"考选部"聘任；这两项人员也分别对主持试政之典试委员长及主持试务之"考选部"部长负其责任。方君表示完全赞同。今日余更面告，方君向来主办心理测验工作；而所有心测试题早经印刷完成，亦由方君负责慎密保管。今次考试拟即委托方君代表典试委员会主持其事，换言之，即任何试题本应于典试委员拟定后送由典试委员长最后核定者，为便于保守秘密计，此项心测试题，典试委员长即委托方君一手主持。在事实上，既不可能仿其他试题由典试委员长作最后核定者，典试委员长也就不直接行使此项最后核定权，而委托方典试委员行使之。

下午出闱以前，莫院长柳老来此巡视普考及邮考试场，先至余办公室相访，余以有柳老相伴，遂再破例偕离办公室，先后至一二三四各试区巡视，监试委员郭学礼先生与典试委员马廷英先生及景秘书长等亦相偕。事毕已届余出闱之时，乃返办公室收拾后，即归寓。

昨日返家时，内子接四媳自港来函，询余高血压情形，盖间接闻诸为余购特效药之三小儿者。余昨因无暇详说，乃漫言无此事。今日稍暇，且距出闱之日仅二天，艰巨业已渡过，工作日益轻松，而连日虽未暇赴饶医师处量血压，自计定然有减无增，乃将经过情形缕悉相告，家人闻之，虽深庆余渡过难关，却不免咎余过分冒险，谓使人事后闻之，亦不免咋舌也。余既明告家人，又乘今日稍暇，遂再诣饶医师检验，结果高血压为一五五，低血压为八五，以余年龄计，殆已渐复正常，纵不如两年前之略低也。

第六日，即十四日傍晚迄十五日下午四时二十分，十四日在家检齐次日应用试题，带入闱中，以三小时工夫，陆续将七十二套之题目全部发缮。十一时上床休息，因追忆与想象，颇萦心神，历一时许始入睡。次晨四时一刻即醒，以正常起床之时间已届，而恢复正常生活在即遂不复睡。盥洗后，先取"考选部"昨晚送来缮就之襄试委员聘书第一批约百八十余份，一一亲自签署。余平素反对图章制，凡可以签名者，辄亲自签名。一九五四年任高考典试委员长时，二百余份之襄试委员聘书，与八百余份之考试及格证书，无一不亲自签名；而全部考试及格证书竟于一日之内签就。

　　今日因邮考最后一场于下午四时二十分开始，余当于四时二十分后出闱，日长无事，转觉闷寂，幸有《入闱记》待续写，藉以消遣。中间考试委员方永蒸、陈固亭、杨亮功及本院秘书长景佐纲先后造闱内相访，并接洽襄试委员遴聘事，方君则特别报告明日心理测验举行之筹备事项，顺便一谈余之闱内生活与院中近事。

　　第七日，即八月十五日下午八时至十六日下午四时半以后——今日返家与复入闱均较迟，而后者实因十六日合普考邮考试题仅九种，余在闱内启阅，费时只三四十分钟，不妨稍迟入闱也。余返家后，因《入闱记》已成十之七八，约万三四千言，颇欲于日内交《自由谈》发表，以留纪念。因以电话邀凤为余清稿之某君来寓，以一部分草稿畀之，俾尽先开始缮正，俟明后日余稿完毕，续托清稿。余之所谓清稿，因余属稿殊潦草，往往不成字样，除自己外，只有此君能悉辨，间有脱漏或疑义，此君亦恒为补正或询明后决定。余旅台五年，写稿不下数百万言，在发排以前，无不先烦此君清稿，否则排版校对定使关系人发生不少麻烦也。

八时返闱，八时半即将次日所需试题九种全部发缮，于是余入闱七日之主要任务完毕，但仍俟十六日末一场散发题目后始出闱。不过十六日将不如十五日昼间之寂闷。因午前十时半有一记者招待会，下午二时半开始，又须主持普考外交行政人员七十余人之口试。大约口试完毕出闱之时已届，正相配合也。

即晚上床甚早，以变态的生活将毕，亟宜恢复常态，计上床之时早至九时十分。惟终夜醒觉三四次，最后一次为昧爽四时，亦与平时相近，故不复睡。

晨起多暇，静坐追忆七日前准备入闱时之心境。以突患高血压之身，骤然变更早眠早起之多年习惯，可能接连整夜工作至七日之久，对于将及千套未经启阅之各科目试题，其中工矿农林医药等许多科目，我都甚鲜涉猎，万一偶有缺漏或差异，时在深夜，既无法请教于原命题委员，而需用又急不及待，纵然可以利用常识应付，却难保无舛误，真是诚惶诚恐。只求不至遗误公事，即事后个人因血压而影响身体，从长调摄，尚属大幸。不料经此七日，赖各同人之合作，公事总算毫无挂误，甚至前日检验血压，有减无增，尤为始愿所不及。天下无难事，只怕有心人。余幸能藉一副热诚，克服难关，不仅加强今后之自励，想年事较余为轻者或亦可资以奋勉矣。

今晨补写《入闱记》约二千言。旋由"考选部"孙次长邀往出席方委员永蒸所召集之心理测验主试会议。至则李、郭两监试委员亦在座。开始时由余简单致词，说明今次普通考试心理测验具有决定作用，即凡测验成绩居最劣之百分之十者，不问其他科目成绩如何，概予淘汰。此为"考试院"采行心理测验以来之创举。因是，前此仅供参考之心理测验，今已构成普考之一科目。协助执行此项测验之各人，已分别构成典试中试政试务之一环；换言之，即前此协助心测试验之各人，今次在参与心测工作的短时间，已形成从事公务之地位，其责任亦构成法律关系，深盼各位协助者益加慎重将事，不使有丝毫遗误。否则在公务则影响整个普考，在私人则应负法律的责任。嗣又解说按照典试规定，各典试委员命题后，须交典试委员长核阅，并得酌予窜易。此次举办心理测验科目，因事前必须大量印刷，事后仍须保持秘密，向由"考试院"考试技术研究改进委员会推定方委员永蒸主持其事，所有心测题目之拟定、付印、保管，概由方委员任之。现在利用以供此次普考，本人以典试委员长之地位，原可提取此项题目核阅，惟题材仅准备一种，非如他国测验题材平时备有多种，临时可由主试者选定或抽定其中一种应用。因此，余以典试委员长地位，既无从尽其最后核定题目之职责，而其无从核定之故，则由于上述事实上不容许其窜易之故，故决定即以此项典试委员长最后核定题材之权委托方委员代为行使，因方委员平时对此项试题业已审核满意，此时自无异议，可以保持前后之一致。若强照典试规定，由委员长核定，而事实上，至少在今次，又不容许委员长有行使其核定权之可能；万一发生异议，岂非陷于僵局，故不如由余委托方委员代为行使此权，对于事实之执行自较顺遂也。

以上云云，并非余窥避责任，特申明责任所在，俾从事协助测验各人知所警惕，勿以为临时帮忙，责任无可归属耳。

余旋即返至机要室临时布置之记者招待会，出席者有台北市各日报、晚报及通讯社记者共十余人。余首先致词谓今日为此次高普特考接连办理之第七日，亦即最后一日；在考试期内，试务处逐日均有若干消息发布，然所发布之消息未必即为各报馆所需要，各报馆也许要获得若干其他消息。故于高普特考结束之日，除报告概略外，极盼各位记者有所询问，当就所知以对。现在先作简单的报告：本届高等考试是"国民政府"举办以来第二十五届，盖自民国二十年首次举行，以后每年一次，并无间断，惟一九四九年因时局动荡致未举行。"政府"迁台后，即于一九五〇年

于学校的优秀青年，一辈子也没有充当公务员的机会，除非一跃而为政务官。现在有了检定考试，实可使教育上不能予全国人民真正均等的机会者，将于公职上获得稍资补救的均等机会。

在我报告以后，各报及通讯社记者提出询问多项，均由余一一作答，兹不赘。

午膳后，休息片时，即往商职试场主持"外交行政"人员口试。此次仍照日前"外交官""领事官"口试之例，分为两组。余所主持之一组除由陈典委石孚主持英语口试，洪典委耀勋主持日语口试外，另请芮襄试委员正皋主持法语口试。余则专对仪表记分；但仍从旁注意外国语答问的成绩，发见一种奇异现象，除选考日语者成绩多数尚佳外，又选考法语一人成绩特佳外，其选考英语之多数人中，英语流畅者较日前参加"外交官""领事官"编译组人员口试者有增无减，意者目前中等学校对于英语之教学较一二十年前有进步欤？盖外国语之基础须在中学校奠定，否则一入大学，专门课程繁重，除外文系多设外国语文课程外，其他则外国语程度纵经数年大学教育殆不易上进也。果尔，则亦今日中等教育之好现象焉。然乎？否乎？仍待事实证明之。

六时前十分全部口试完毕，而邮考最后一场亦几全数缴卷，于是高普邮考全部日程业已顺利执行。余入闱之责任已尽，除即席与监试委员李、郭两先生及各口试典襄委员道谢道别外，即返办公室，携取已收拾的私人用具，乘车返寓，而作最后的出闸了。

（一九五六年八月十八日晨五时脱稿，交《自由谈》月刊发表）

七十年与五味

　　《自由谈》主编因我虚度七十，坚邀我写一篇感想或回忆的文字，固辞不获，偶然想得这一题目，顺笔写下，勉以应命。

　　七十年是人生的历程，五味是人生历程的经验。人生的历程并不是平淡的，于是历程的经验也就有种种不同的味。谁都知道，所谓五味，是指咸、酸、苦、辣、甜的五种口味。口味也可以推广适用于世味。请试为分析之。

　　咸，盐味也（《韵会》）。又苦也（《尔雅·释言》）。人造曰盐，天生曰卤（《广韵》），地不生物曰卤（《释名》）。就口味而言，我生平嗜咸而不好甜。少年时视糖如苦口之药，强而不肯尝试；然对于盐则不患其多。在他人以为口味已够咸的，我往往认为太淡。中年以前，习惯以盐刷牙，四五十以后，才改用牙膏。到了现在，全副牙齿除拔去了一枚智慧牙外，没有任何损坏。因此，有人说这是由于数十年以盐刷牙之功。这固不尽然。但是多食糖而刷牙不很净，则牙齿容易损坏，当系事实。文明世界，糖的消费特多；遂有人说牙齿的病患是文明世界的病患。不过，话又说回来了，嗜好糖食者如能把牙齿洗刷得很洁净，不使遗留的糖分发酵，损及牙齿，则多食糖又何伤？现在推论到世味方面。我生于贫苦之家，好像是斥卤不生物之地。少年时处境颇苦，也颇合咸苦之义，壮岁以后，间亦幸处顺境，因不忘少年之苦，未尝稍变故习。且好景不常，时陷困厄，则亦处之泰然。比诸苦出身而善忘的阔人，因偶遇环境突变而重感痛苦者，自计堪称幸福。

酸，醋也（《广韵》）。又逊也，逊遁在后也，言脚疼力少，行遁在后，以逊遁者也（《释名》）。又寒酸也，今作寒畯（《韵会》）。又悲愤也。韩愈《秋怀诗》：作者非今士，相去时已千。其言有感触，使我复凄酸。我生于东粤，东粤人士多喜酸味，我却不然，转而酷嗜江浙的咸味。这是口味上对于酸的偏差，但在世味上，则我出身寒微，在许多场合中不免逊遁在后。不过我之所谓逊遁，只是屈于物质的条件，不免输人一筹，却绝对不是心理上的自惭，致陷于所谓自卑感者。反之，我对于向无经验的事，假使不得不由我去担任，却绝不畏缩或自馁。只有在事前多作准备，临时则处以无畏的精神。记得我在十九岁时开始担任中国新公学的英文教席，以一个并无辉煌学历的青年，离开他的学徒生涯五年，骤然担任许多留日罢学返国学生的教师，而学生的年龄多较本人为高，尤其是学校的主办人员也就是学生的代表。记得我在上课的第一日，给许多学生问难，实际是考问，我却能滔滔不绝地应付裕如，因而建立了我在民元前后六七年间的教师生活。此后我主持编辑工作，出国考察，参加议坛，出席国际会议，从事向未经验过的政务，以及随时随地作无量数次的讲演，都能以不自卑的态度应付过去。至于悲愤之性，往往不能自制，则因正义感至浓，平时虽与人和气相处，然偶遇不合理的主张或行动，辄不惮斥责。因此生平自矢未尝干过一件对不起他人的事，却无意中开罪了不少的人。

苦，味甘之对也。《诗·邶风》：谁谓荼苦，其甘如荠。又勤也（《集韵》）。《孟子》：必先苦其心志。前者由口味而推及世味；无论为口味或世味，均寓有不愉快之感。我对于口味之苦，向未感觉到不快。记得多年以前，因服用金鸡纳，误把糖衣咬破，却丝毫没有不快。我也曾尝试过中药中的黄连，也不觉其苦。至于世味之苦，我也尝过不少。我常常认为苦具有刺激性，所谓苦其心，便是对于心志的不断刺激，使之奋发。我生平遭遇不少的挫折，在他人或不免灰心；我却视同苦其心志的一种机会，辄处以积极的态度。总算峰回路转，结果往往好转。我认为灰心就是放弃努力。天下事没有不劳而获的，无论劳的是心或是力。积极就是继续努力，甚至加倍努力。努力固未必尽能收效；但不努力定然无效。我国有一句老话，吃得苦中苦，方为人上人。我固然不敢奢望人上人的地位，却自信是吃得苦中苦的。

辣，原作辢。《说文》：辛甚曰辢。《正韵》：辇味也。《风土记》：元旦以葱、蒜、韭、蓼、蒿、芥杂和而食之，名五辛盘。焦仲卿诗：昼夜勤作息，伶俜萦苦辛。《正韵》：苦辛取辛酸之意。李白诗：英豪未豹变，自古多艰辛。所谓苦辛、艰辛，都是辣字的注脚。以口味言，辣为葱、蒜、韭、蓼、蒿、芥之味，盖具有刺激、健胃与提神之作用者也。我对于五辛，纵然不尽嗜好，但五辛外之以辣著称者，莫如黔湘等省人民所嗜好的花椒，我确能尝试而不以为忤。对于世味之所谓苦辛艰辛，我简直视同家常便饭。在他人以安逸为愉快者，我宁代以辛劳。因之，在无所事事之时，辄想找些事做；但不是时时有适当之事可做，于是便把精力移注于读书方面。因为书是予取予求，没有限制的。在他人可以安逸度其光阴者，我则把单调的安逸，变为乐此不疲的读书消遣。两年以来，因为每日昧爽早起，成为一种坚定的习惯，在他人辗转不能久睡，以消遣长夜之际，我则披衣早起，从事读书笔述，自未明之三四时迄于常人起床之七八时，我已记下不少的文字，不知不觉，我的《昧爽录》已不下四五百万言。假我十年，纵不能尽读我国有用的古籍，至少亦可博闻而贯通。此或嗜好辣味的成果欤？

席提议，在场股东一致赞同，向我表示感谢。这真使我受宠若惊。同时有许多关心和同情于商务印书馆的人士，见其复兴迅速，往往过度归功于我，也使我受之有愧。总之，我从前种种挨骂，不见得因为该骂；后来受人恭维，也未必值得如此恭维。或者从前骂的过分些，后来也就不免恭维得过分些。……我以为一个人要想做事，不独要吃得苦，还须要脸皮厚，不过那副厚脸皮以外，须有一个良心和它陪衬才好。

商务印书馆于二十一年一月被日军炸毁，停业半年，从事清理，于是年八月一日复业，迄二十二年十二月，为《东方杂志》写《两年的苦斗》一文。就复业言，为时仅一年有半；即从开始清理之日起算，亦仅二年。然在此短短期内，商务的复兴工作竟产生了惊人的奇迹，现节录该文关于复兴后生产问题一段如左：

　　商务印书馆劫后，所有总厂的存书存料全部被毁，机器只有在第五厂的一部分幸存，不及原有机器总数十分之三，历年出版各书的母版，事前搬运于安全地点赖以保存的，不及原有母版总数十分之一；所以在复业以前和复业以后的最要问题，就是怎样恢复生产。而且因为存货罄尽，所需要的供应较前更多，故不仅要恢复生产能力，还须大大的增加生产能力。照常理说起来，增加生产能力当然要添置机器或是多用工人；但这件事均非钱不行。商务印书馆被毁后，既没有加招股本，也并未发行公司债；所赖以经营者只有劫后剩下的小小资金，和社会人士对商务印书馆的同情和信用。……本来要恢复往日的生产能力已自不易；可是自从去年十月以后，上海各工厂陆续成立，迄今不过一年又二月，商务印书馆现有的印刷力却等于"一二八"以前两倍有半；中文排字的力量，除委托外间代办者不计外，也倍于从前。此外还有许多种工作的生产力，均较前有增无减。截至本年度为止，所有被毁重版书籍多至三千余种，而劫后新出版者不下一千四百种。然而专就印刷一项而论，商务印书馆现有的机器仅当从前百分之五六十，工人不及从前之半，而生产能力却当从前之二倍有半。印刷工人的平均收入，按照本年七月份和十一月份的平均统计，较"一二八"以前增加至百分之四十二，制造成本却较前低减不少。这种种的事例，似乎是互相冲突的，现在却并行不悖，不独劳方资方两受其利，而且可用较少的资金，较少的设备，而得较多的生产。

那时候，我以总经理而兼任生产和编审两部部长。生产的擘画和改进固然是我的责任，但如复兴后没有一个健全的编辑计划，那是不能维持或光大一个出版家之业务的。我因

挂冠记

辞章已再上　罢直满四旬　一朝承睿断　幸运属三人
青田好休养　再起精神新　司农膺大任　富国更裕民
最乐是一叟　还吾野鹤身　荣衔授资政　敢忘大计陈
赠言举二事　叮咛盼书绅　一关改革案　推进勿因循
次为经动会　计划细商询　举杯三祝颂　引领白门春

这一首五言十韵系我于辞职获准后，在十二月八日，追念辞职经过与其结果，深幸如愿以偿，顺笔述感，不计工拙。

所谓辞章再上，是指本年六月二十四日致陈兼院长请辞"行政院"副院长之第一函，与十月二十三日继续请辞之第二函。

先将第一函抄附于左：

辞公兼院长赐鉴：谨启者，云五拟作是函，二三年于兹矣。终以追随左右,承公推诚相与,礼遇有加,中道请辞,实孤厚意;握管屡搁,职是之由。兹悉公有倦勤之意,以元首倚赖之深,固难邀准,然乘时对政院局部改组,输入新健血轮,实有其必要。数年以来,云五虽矢志赞襄,愧鲜建树,今已行年七六,让贤让壮,义难再缓。近两月间对兼任各事,已早为部署,陆续交代。国有财产审议会亦决于本月内结束。至本职所掌,除经授权处理日常公务外,较繁重而固定者,一为近年经常代表我公列席立法院,虽应付尚无失当,然能得一外圆内方之人任此,实较云五为优;二则年度及追加预算虽稍为公分劳,实已开罪朋僚不少,现幸渐上轨道,主计与财部在公领导之下均优为之。故一旦去职,耿耿于怀者惟经济动员计划委员会之任,倘公以计划联系,有赖熟手,不愿易人,云五亦因关系反攻复国,匹夫与有责任,况忝为国民代表,于解除副院长职务后,公如仍令负责,窃愿继续尽其义务,不敢言辞。云五赋性落落,从政非其所宜,卸职以后,虽仍须自食其力,甚或更形劳苦,然因讲学写作,习惯已成自然,且均出于自发,虽劳犹乐。趁此年事渐高而身心尚健之时日,为余生作多少较有意义之贡献,夙承关爱如公者当荷赞同。兹郑重恳求公于请辞大任之日,同时为向总统陈情,俾遂初服,感激无暨。本年七月十五日为云五重游政院五周年,私意极愿于是日解除副院长之职,千乞赐予玉成。届时有关行政改阁员谈话，我等分别报告灾情及处理办法，陈先生无不赞同，仅就其对于八七水灾处理之经验提出若干意见。越数日"立法院"复会，陈先生便亲自列席，提出口头报告以后，先行退席。那正是九月二十日。我心里打算我在代理院务三月届满，自当继续请辞，惟此次陈院长虽已提前半月销假，毕竟尚未完全康复，我如于此时续辞，则陈院长势须亲自列席"立法院"听取质询，主持答复；照向例，每届质询历时四五星期，每星期两日，上下午均须列席，对于一位尚未完全康复，且政务纷繁的阁揆，实恐不胜其繁，尤以立法委员之质询，间不免过于苛细或严刻，可能使健康未全恢复者易致冲动，因此决计自动多留一月，由我按照近三年例，每次均代表院长列席，并代表答复，或协调指导各部会首长答复。我此项决心绝未为他人道及，仅有一二次，当我也感到不很耐烦而勉自遏抑之时，偶为隔座之陈秘书长雪屏透露真相。

十月二十二日下午突因若干登记质询委员之缺席，质询可以提前结束，于是我在综合答复有关调整军公教人员待遇之质询时，为说明个人平素之态度，透露了给人认为决计辞职的一句话。兹依"立法院"的速记录，把这一段话摘录于左：

这一次本人在答复之前，想先说明一下本人的态度。

自从四十九年以来，经过了六七个会期，我可以说，各位也可以从速记录中找出来一看，本人在贵院每次开会质询的时候没有一次不到，没有一次迟到，没有一次早退，我的同僚各部会首长虽然也都来，但是他们遇有要公时可有两位次长代表列席，秘书长是没有一次不到的，但偶然有要公也可由副秘书长代任其职务。我则因为陈院长公务特别繁忙，间亦以健康关系，不能列席时，就由我代表列席。偶然陈院长亲自列席，我还是要来，因为我关心，我要听一听全盘的质询；所以我可告诉各位，这六七个会期的质询我没有一次不到，没有一次迟到，没有一次早退。各位委员发言尽管有些措词很严厉，我也不以为忤；我是抱着有则改之，无则加勉的心情，来听取各位质询的。民主政治的政府是不怕批评的；假使批评的事，政府本来没有错，简单的解释一下就可以了；假使有错，自然要不惜认错和改正。至于各位委员有建设性的建议，我都记下来，事后加以研究，或者报告陈院长；所以我没有一点是不留心的。我向来有一种习惯，就是绝对不说一句违心的话，绝对不说一句虚饰的话；无论在贵院或在任何地方，我的态度总是如此的，做得到的就说做得到，做不到的就说做不到；假使做不到而说敷衍的话，我对不起自己，也对不起各位。我常常感到做官事小，做人事大。我今年七十六岁，未尝改变了我做人的态度。可能这是我列席贵院最后的一次，我更不应该改变一向做人的态度……

我这一段不满众意的答复开端，居然博得了好几次的掌声，就我当时观察，至少已把纠缠了"政院"各首长半年的一个困扰问题，暂时得到一个小结束。"立法院"各委员对于一个毫无背境的我，如此容忍，是使我深为感动的。可是这段话中，最后一句话"可能这是我列席贵院最后的一次"，便引起不少人的惶惑了。当时陈秘书长雪屏，因悉我将于"立法院"质询结束时再度请辞，听了这一句话，深恐在场的新闻记者过分渲染，因嘱新闻局在场人员向这些记者关说，希望不要登载此一消息，尤其不可渲染。

次日早起，我正写完第二次的辞职书，六时许《征信新闻》的记者刘寿椿已按铃求见，我初时托词推却，嗣窥见其徘徊户外，知无可避免，遂出而启门纳之。询我辞职之事，复以不承认，亦不否认，遂略说明他事，记者去后，我写答客问七绝三首如左：

一

有子有孙万事足　无官无责一身轻
独嫌文债还不尽　处身今后有书城

二

十数青年同游乐　问难析理勤舌耕

面对后生不认老　　育才励学互争荣

三

天下兴亡匹夫责　　国民代表责匪轻

一旦反攻鸣号角　　看取当前一老兵

我的第二次辞职书，即日上午送达陈院长官邸，兹将原文附后：

辞公兼院长赐鉴：谨启者，云五于六月二十四日曾致书我公，请准于云五重游政院五周年，即本年七月十五日解除今职，理由具详该函。前函送达后甫数日我公即承总统给假休养一月，并令云五代理院务，责无旁贷，只得勉留。嗣以公续承给假两月，仍由云五代理，前后合计三月，云五不敢因去志而稍懈，幸免遗误。代理之期，以公提前销假而略缩短，则又因立法院复会，在本院提出施政报告后，通常质询历时一月左右，云五以公健康虽已康复，尚有许多政务待主持，不欲劳公每次列席，故决计俟立法院质询结束时重申前请。昨日全部质询业已结束，不得不续请俯念云五去志坚决，勉予成全。云五年满七六，虽贱体尚称顽健，毕竟岁月迫人，集中意志精神以处理一事，尚勉能应付，惟本院副院长职务，依近年之演进，颇感纷繁，实非云五目前精力所能继续担任。趁此立院质询已告结束，下年度总预算尚未开始编制之时，我公当有慎选贤能之余裕，谨以至诚，续请辞去副院长之职，务恳先为呈请总统照准，免除云五职责，俾得安心休养。云五并拟自明日起，暂先请假，不到院办公，俟明令照准，立即办理交代。云五辞职以后，当以余生从事于讲学写作，并拟于今后两年以内，完成一种二三百万言之著作，亦惟趁此精力勉能应付一二单纯工作之时为之，过此恐不复有此机会矣。区区微诚，务乞鉴察，有以成全之，则感荷无既矣。手肃，顺颂

政祺

　　　　　　　　王云五　　十月廿三日

　　此函去后，陈兼院长即日下午便来我家，当面恳切慰留。但陈先生不仅从我两度的辞职书中，而且从直接间接上获悉我的辞意坚决，故经过一小时有半的交换意见，他既然丝毫没有动摇我的意志，深知无法可以挽留，始允签报"总统"核夺，实则我在事前已选请张秘书长岳军代为陈情，岳军已为我所说服，惟称必先获得陈院长同意，始能为向"总统"进言。现在陈先生既有允为签报之表示，则阻力至少削弱其半，遂以尽速签呈为请。陈先生临别时，因悉我从明日起即不到院办公，恐引起外间误会，力请我于明日"行政院"会议中暂仍出席。我以原则既无问题，明日上午自当参加院会，然仍坚称此后暂不到院。

是日台北市的日报发表有关我的辞职消息者，有《征信新闻》及英文《中国邮报》两家。《征信新闻》的记者谨守诺言，对于我的辞职事不作明白的报导，却颇巧妙地引述本年七月九日我在省行政会议的致词中所说："宋儒刘宰说过'今之士巧于进而拙于退，知所以奉其身，而不知所以重其身'"；因而推论我的去留进退，有分际，知选择；这应该是今天的古人所当取法的，盖藉此暗示我实已辞职。至英文《中国邮报》则藉电话向我访问，我对于辞职事仍用"不承认亦不否认"一语作复。但该报记者巧妙地提出两项问题，一是听说我之辞职系因不满于国际经济合作发展委员会之职权过度广泛，二则因我为军公教人员努力设法增加待遇，却未能达成。我对这两项谣传均加以否定，特别说明我对于经合会之组成且曾与有助力。该报同时刊载此三项答案，当然也暗示我确已辞职。

　　自廿五日起，因我不到院办公，各报又有许多推测性的报导。《征信新闻》称陈院长虽面予慰留，我仍未打销辞意。《中央日报》记者郑贞铭曾在政大研究所选修我的一门功课，以各报对我辞职皆有较详尽报导，彼独毫无叙述，深感有亏职责。我告以既有师弟之雅，深盼能体谅我，勿增加我应付之困难。不料次日竟刊出《王岫老的心愿》一文，系以四五个月前我的七六生辰述感七绝十韵为骨干，而加以推测，其中竟有一点不大不小的错误。我的述感原作如次：

一

劳劳碌碌又经年　　国际风云待转旋

坛坫决胜深谋虑　　小忍方能策万全

二

劳劳碌碌又经年　　动员计划苦钻研

基本权源先确认　　方案绵绵不计篇

三

劳劳碌碌又经年　　向平愿了迓淑娟

鹏程万里双飞羡　　异曲同工竞着鞭

四

劳劳碌碌又经年　　往事新编到眼前

半载辛勤百万字　　功罪漫论付后贤

五

劳劳碌碌又经年　　七六高龄未息肩

屡欲息肩难启齿　　乘机勇退勿迁延

　　这首诗是由我在政大政治研究所约莫百名新旧研究生，影印各保存一份。贞铭藉其对此诗之解说，作为我辞职之报导，确不失为新闻学专家，其所引的七绝第五首，已明示我早有辞职之决心，只是等候机会，一旦机会来临断断不肯错过。这一叙述，至少间接上对我最近辞职的动机，可以消除不少误会。只是把我的八名儿女之一学善，误认为我的独生子，而不知我有七男一女，学善其最小者也。

在第二次辞职的一个星期内，我不断托雪屏得当代催陈先生早日签报"总统"。雪屏知我灼急，迭将陈先生交办签呈的情形见告，并言陈先生对此签呈一改再改，特别郑重。到了十一月一日，他把已经核定之呈稿，奉陈先生批"请云五先生核阅后再行缮呈"者，送到我家，我细读一过，觉得我两次辞书的要点都已摘述在内，并略叙经过情形，最后殿以他的意见如左：

> 云五副院长此次重至政院五年余来，不辞劳怨，不惧压力，其对于国家贡献之巨，自不待言，对于当前之政风，尤足使顽廉懦立；而与职相处以诚，相助以力，此种精神更可感佩。惟其辞意既如此坚决，恐不能再强其所难。职前曾与有共同进退之约。近一月来贱躯亦仍感疲乏。职与王副院长彼此欲辞之原因虽各不同，而私衷所祈求之意愿则一。值此本党九全大会召开前夕，钧座盱衡全局，对今后全盘措施必有重大决策，行政院人事亦宜配合新的要求，重作部署。拟恳钧座于核准王副院长辞职之时，对于职前此之请辞，亦同时并予察核考虑为祷。

以上签呈"总统"之稿，对我称誉过甚，使我深觉感愧，尤以"曾与有共同进退之约，拟恳对于职前此之请辞，并予察核"一语，更使我惶悚，惟以该稿经再三修正，然后核定，我除录副存备他日参考外，不敢赞一词。

十一月五日陈院长为我辞职事之签呈已达"总统"，经向张秘书长询明真相，盖"总统"事前并无所知也。张秘书长将我数月来迭曾表示之意见代陈，并受我之请托，力为解说。据称"总统"虽大致了解，但仍嘱彼面为挽留，一面并就签呈上亲批"应予慰留"字样。张秘书长告我，彼一面受托代为陈情，一面却奉命对我慰留，以同一人而处于不同的立场，只好希望我体念"总统"厚意，勉予留任。我则仍恳他继续为我陈情，务求谅解准辞。越二日，即同月八日，我奉召于上午十时至"总统府"晋谒，谈约四十分钟，"总统"之意至为诚挚，除奖饰我五年来的贡献外，并称我对于行政外事财经教育各方面皆有可贵之意见，我能仍留"政院"为陈兼院长辅弼，"总统"至深倚畀。我则力陈贱躯虽尚顽健，已渐感不耐繁剧，辞职如获准，纵然脱离行政，仍可以"国大代表"一分子，为国家尽献替协调之责，对于政治或亦不无小补；同时个人解除行政上责任，得以专心从事著述，于个性尤为适合。临别时，"总统"一面仍劝我最好能留，我则继续恳求准辞。

我离开"总统府"，顺访张秘书长，仍力请为我续恳"总统"俯念微诚，准予解职。抵家时，接陈兼院长亲笔函，并附和我的诗七绝三首。吟咏为陈先生罕见之事，得此弥感诚意。

在"总统"召见我的次日,《联合报》便报导此一消息,并认为经"总统"亲自恳切慰留后,我可能打消辞意,因之"政院"局部改组之可能性渐小。实则真相并不如是。惟中国国民党的九全大会即于日内开始,历时十余日,加以全会甫闭幕,"总统"又须南下亲校一项重要演习,迄十一月底始克北返。在此期间,当然未能考虑到"政院"之局部改组和我的去留问题。然而我为着表示坚决辞职,在辞职未获准以前无定期请假。此大半个月期内,不少记者和亲友纷纷来寓探询我是否打消辞意。某日我随口占成七言四句,以《续答客问》为题写悬壁上,有如后述:

良朋满座终须散　笙歌永昼夜难连
此日挂冠恰到好　再留不值半文钱

在这里,我得补入一段消息,为报界所不很知道,但我因略知一二,不免有些怀疑。原因是陈兼院长经过数次请辞,皆由"总统"立即挽留;但闻在九全大会闭幕之日,又作最后一次辞职之请,实因健康未复,又经十多日会议之疲劳,深觉非完全摆脱不能休养。此次辞呈,措词尤为恳切。辞书上达后,因"总统"南行校阅,尚未批复。在一般人多认为陈先生终无法摆脱,故所揣测仍不免限于局部改组,并认陈内阁根本上不致动摇。但我则以陈先生再三请辞，健康亦确未完全恢复，"总统"可能从根本上考虑，因此迟迟尚未批留，与前此数度有别。

果不出所料，"总统"于十一月杪北返后，对此问题即有决定，十二月二日张秘书长岳军特来访我，转述"总统"之命，谓对于我之辞职，原欲继续坚留，兹因陈兼院长坚辞，为顾念其健康关系，不得已勉允所请，改以原任"财政部长"严静波先生组阁，遂亦不便强留我，改聘我为"总统府资政"，务望我对于国家大计，随时贡献意见。我闻言，真是欢喜若狂，"总统"对我厚意，夙所感激，此次德意尤为铭感。即日下午《大华晚报》始透露陈兼院长坚辞勉获接纳之讯，次日《联合报》，并及我辞职获准。四日《大华晚报》始登载我膺特聘为"总统府资政"消息；于是陈院长所称与我同进退，竟成事实矣。

五日"行政院"举行本任最后一次院会，我获得通知，迅即前往参加，先至陈先生办公室，具函将所兼任之"行政院"经济动员计划委员会主任委员、"行政院"国有财产审议委员会主任委员、"行政院"预算小组召集人三职一并请辞，即席请陈先生于尚未交卸院长职务以前，予以照准，幸承如拟。我在第一次辞职书中，原有对于经济动员计划委员会之兼职，倘陈先生不愿易人，或一时不易觅得替人，要我以"国大代表"身份暂仍承乏，我不敢固辞；一因事关计划反攻复国，个人特别关怀，再因与陈兼院长共事数年，意气相投，一旦言辞，不敢摆脱得一干二净，故有此说。现在陈先生辞职获准，内阁改组，此一兼职实以副院长兼任较易发挥作用，故一并请辞，陈先生深谅此意，亦即毅然照准也。

在此最后一次院会中，处理简单议程后，陈先生即说明辞职获准之经过，并对同僚表示感激与惜别之意，我随即起立发言，大意如左：

我在怠工四十一天以后，今日以极愉快的心情，参加本任最后一次院会。我首先要向三位道贺。第一位是陈兼院长，他在五年多以来，劳苦功高，辛勤备至；最后数月积劳致疾，迄今尚未完全康复。陈先生是最能负责之人，在其仍兼任院长的时期，纵然在获准给假的时日，他是不能安心休养的。现在总统于陈先生迭请辞职数次后，顾念到他的健康与将来实行反攻的需要，因此勉从所请，准其辞职，俾得安心静养，俟国家有特别需要时，东山再起，陈先生得以加倍的精神体力，完成极重大的使命。第二位是我们现在的同僚严部长，他以丰富的经验，细密的脑筋，谦和的态度，接物待人；我与他共事多年，深为敬佩；现在荣膺大命，继陈兼院长而组阁，深信其定能胜任愉快。第三位是我自己。我年已七十有六，纵然身体还算顽健，毕竟岁月迫人，对于繁剧的工作，已渐感不耐。及时请退，以让贤让壮，万不宜缓。数月以来，迭请辞职，虽经陈兼院长与总统再三挽留，我终不肯改变初衷；现在如愿以偿，实在是万分高兴，应该在各同仁面前，表示我的自贺。

现在我本着临别赠言之意，对于将来的严院长与可能留任的各位同僚贡献两点意见。其一是与我参加本任行政院相终始的行政改革任务。民国四十七年七月我加入行政院时，正在主持总统府临时行政改革委员会，其任务尚差一月有半才结束；今日我正准备脱离行政院之时，我所主持的行政改革建议案检讨小组的工作虽已结束，但长达七八十万言的报告书尚在印刷之中。这真是巧合得很，因此，我对于此项任务特别关怀。此次检讨的结果，发见各建议案推行有效的还不算少，即如最近完成立法程序由总统于九月上旬公布的动产抵押交易法，采取英美立法原则，开台湾立法上的特例，便是依照行政改革会的建议；又如近数年推行的财经十九点政策，其中至少十六点是根据行政改革会的建议，这都是好的和满意的方面。但还有不少的建议案，或尚未彻底实施，或实施不很切实，在我们的检讨报告中，曾经按照检讨结果，分别提供改进意见。将来的严院长，对于行政改革会和行政改革建议案检讨小组均曾参加，他重视行政改革的工作，定然不下于我，深信在我们的检讨报告书印成送达后，严先生对于本人这一项未了的心愿，定能在其亲自主政时，予以极力达成。其二，是我最近一年多以来所主持的经济动员计划委员会，不客气的说，不能否认其有可观的成绩；这都是董秘书长与大多数从各机关借调人员的努力；他们不仅克勤尽职，尤能通力合作。该会已经拟定了许多有关动员的基本方案，而且附带审议了不少的战地政务方案，其协调各有关机关的工作，尤足称道。现在本人摆脱了该会，切望严院长和将来继任该会的主任委员，均能珍视该会已有的成果和人员，不仅保持原有成果，并使其作更重大的贡献。

我这番话说完，正如陈院长刚才的一番话；同样博得一阵的鼓掌声，打破"行政院"会议中的前例。

次日陈先生与我联名邀宴"政院"所属各部会机关的正副首长以及"政院"各组主任。宴会中陈先生在致词前，还要我继起致词。我告以要说的话昨日院会中已经说过。今日宴客，照例只要一个主人说话已足，但本着合作分工之旨，我愿意随从陈先生后先开口，但他开口是说话，我开口便是代表他干杯。陈先生一笑无言。他随即致词，对在座各同人表示感激既往和惜别未来之意，词极诚挚动人，词毕举杯敬酒，他本来是洪量的，却受了医师切劝，数年鲜见其干杯，此次却一饮而尽，足见其心情之愉快。于是轮到我开口，我除先与多人干杯外，起立与在座各人连干三杯。我的理由是：陈先生刚才自己已干了一杯，用不着我代理干杯，但我

风云迷国际　观世荷垂询　四海知霜鬓　迎公杖履春

　　在新旧两任"行政院"组成人员任免令发布之前一日，即十二月十三日，"总统"召见我于士林官邸，除对我多加慰勉外，并就各项政策有所咨询，我亦知无不言，计历时四十分钟。握别时，"总统"并嘱我就国是多加研究，随时提供意见，我深感荣幸，觉得我对于"总统府"组织法有关"资政"职务"总统府置资政若干人，由总统就勋高望重者遴聘之，对于国家大计，得向总统提供意见，并备咨询"之规定，所谓勋高望重实不敢当，而对于提供意见并备咨询之职责，固不敢辞也。

　　自我挂冠确定后，舆论界对我颇多过誉之辞，我皆愧不克当。其中九日之《大华晚报》短评，和十四日香港《新闻天地》以《王云五弃官讲学》为题之每周评论两项，最为具体。

　　本文写至此处，应予结束。由于开始时冠以我的挂冠志喜一诗，结束时特引老友余天民所赠诗，以期首尾相应。天民诗如后：

一

悬车惹得旧知惊　　辜负胸中十万兵
丝竹娱怀输谢傅　　枢廷画策胜陈平
三膺亚揆经纶焕　　两握部钤治化行

倘使姓名留党籍　早应枚卜属先生

二

东王仙作少微星　晚节何惭贤达名

有子有孙万事足　无官无守一身轻

当年廊庙旁求意　此日间阎惋惜声

极目鸿才不世士　茫茫人海几豪英

（一九六三年十二月下旬脱稿，未发表）

我怎样保持健康

我保持健康的方法，极其简单，丝毫没有什么秘诀。我相信凡是健康与长寿的人，他们所习用的方法也定然是很简单的，如其不是简单的，便不容易实行。须知矫揉做作的方法只能实行于一时，断不是长久可以习行的。如要问我的方法究竟是什么，我只好用三个字来表示，那就是：

顺自然

既然是顺自然，那方法定然是简单而易行的。因为简单，所以才易行；也因为易行，才说得是简单。

现今许多要保持健康，获得长寿的人，往往乞灵于补药。补药或由口服，或藉注射，口服须防过量，注射往往不是本人可以处理，不仅有违简单的原则，而且多费金钱。这是否顺乎自然，姑且不说。且先说我所谓顺自然的补养方法，那不仅是非常简单，而且不花一文钱，可以说取之不尽，用之不竭，要多少便可得多少，而且自然会限制你适量而止，不会有取用过多之弊。具体说起来，这些自然的补养品，括有三项，就是：

日光　空气　水

这三种补养品，除了都市的自来水，略花一点点的钱，但微不足道外，都是"无价之宝"。世俗所称无价之宝，是形容非常贵重，不能以寻常价格购得的；但是日光、空气和水，其功用非常重大，通常都无需给付代价，可以任意获得。因此我称这三种不费钱的东西为无价之宝，与世俗通称价格极昂贵的东西为无价之宝，是名同而实异的。

首先说日光。日光是生命之原，最古的初民便已认识其价值。他们认识光明的功用，又认识光明的来源是太阳，所以引起对太阳崇拜之信念。比较具体化的便是纪元前千年左右的波斯拜火教，到了我国唐朝还传入中国，称为袄教。它的教义要点，是以光明和黑暗代表善与恶；光明之神不断与黑暗之鬼斗争，光明胜利便是人民之福；这虽然不是直接崇拜太阳，却是间接崇拜太阳所产生的光明，即日光。任何人见着光明无不高兴，见着黑暗，不免畏惧和嫌恶，因此在黑暗的夜里，便利用人力所发明的火光来对抗，其实火的来源也是出自日光。人们既然喜欢以日光所产生的火光来对抗黑暗，为什么有日光的时间，却不加以尽量利用呢？我国上古有"日出而作，日入而息"的民歌，那是顺自然的。可是时代愈进于文明，而文明社会中的许多人，在日上三竿还高卧未起，但到了深夜，则往往依赖人工的灯光而不肯休息呢！

　　一件颇有趣的事，是所谓"日光节约时间"，每当夏令白天较长之时，把钟点提前一小时，例如把八点钟的太阳时，提前作为九点钟，认为照这样可以利用天亮较早的时间来办公，藉以节省傍晚办公所需要的灯光。此一意义本属不错，但就大多数人每日工作八小时而言，通常多从上午八时至十二时，下午一时至五时，或下午二时至六时。实际上夏季上午四时许便已天亮，下午六时还没有入夜，只需严格按照规定办理，似没有节省灯火之必要。即或认为仍有提前一小时开始办公之必要，又何尝不可把平时上午八点钟开始办公改为七点钟开始，至下午工作时间，如果原以下午六时截止，在冬令既可行，在夏季更无变更之必要。

　　我想这个办法无非为恐一般人狃于习惯，认为非至上午七时不能起床者，要使他提前于上午六时起床，又恐不愿，只好要全体的人都提早一时起床，迫使若干狃于习惯者随同提早起床，才有这种人为的做作。实际上如能按照"日出而作，日入而息"的原则，夏季因为天亮较早，定然能够较早起床，和较早办公，又何待有这般不合自然的规定呢？

　　"日出而作，日入而息"的原则，实在是健康长寿最有效方法之一，因为这可以使人多接近日光。乡下的居民往往比城市的居民更长寿，这是指在同等的医疗和卫生环境下而言；换句话说，如果乡下和城市的医疗和卫生设备相同，则乡下居民因为对于日出而作，日入而息的原则较能遵守，利用日光的时间较多，所以健康较佳，寿命较长。这正如树木在山之向阳方面大都生长得茂盛，而在背阴方面则多萎缩，不过向阳方面的树木，如果遭遇风灾的机会特多，又当别论了。

就个人约莫十年来的习惯，纵然不是日入即息，可是无日不在日出以前便已起床，且往往在日出以前便开始工作。我每日总是在晚上八九时入睡，清早三四时起床，这或者因为年龄的关系，每天七小时的睡眠已无不足。但十余年前，我需要八小时的睡眠，也仍是八九时入睡，不过为满足八小时睡眠的需求，那时候总在五时前起床。

其次谈谈空气。这也是不值一文钱的东西，通常取之不尽用之不竭。但是当一个人被密闭在丝毫不通空气的小室内，由于得不到新鲜空气，终久将因窒息而至于死亡。在这时候，新鲜空气真成为万金不换之宝物。我常说一个人在享受充分自由之时，不觉得自由之可贵，正如一个人在享受充分的新鲜空气之时，不觉得空气之可贵一般，但当他丧失自由或新鲜空气之时，他才觉得自由和新鲜空气之可贵，有如得之则生失之则死之要素。我平时无必要虽不一定出门，但在家中的小院子里，几乎不计风雨，总是不断的走动走动。我有一种怪脾气，尽可一日伏案写作十二小时以上，但绝对不能接连坐在书桌旁边一小时以上；往往经过了半小时左右，一定走动几分钟，尤其是在室外露天处呼吸一下新鲜空气。近年我的工作室装有一部冷暖两用机，空气可以藉此流通，才将门窗关闭起来。前此则无论冬夏，我的窗户总是不断开放的。此外还有一种习惯，便是不管怎样寒冷，我总不会蒙头而睡。这理由极为简单，尽人都能知道，只是在实行上是否彻底，是否能够养成习惯而已。

再次，请谈谈水。水在人体中占了极重要的成分。一个人可以几天不食，但不能一天不饮，足见水比之食物更重要。患霍乱病的人，因为排出的水量过多，为保持其生命，必须注入适量的盐水，更可见水对于人的生命关系之重大。食物吸收过多，可以影响消化，因此发生消化不良之病症。但是水饮得过量一点，不久便可排出，不至有何不良影响；如果一时饮得太多，因为容纳不下，自然可以发生制止的作用。这是就无害的方面来讲；至于有利的方面，则充分饮水，甚至饮水过多，正如多用水清洁房屋一般，可对内脏发生清洁作用。饮水自然以单纯而清洁的水为准，但是为使水味更为可口，饮茶可以促进饮水的兴趣，也是利多害少的。我每日饮茶极多，明知其不如专饮白开水之更适当，但因白开水淡而无味，不能引起我多饮水的兴趣，因此，纵然知道茶不免有些副作用，好在这点点不良的副作用，大半可随水的良好作用而消失，何况因此多饮些水，其利益还远超过茶的小小不良副作用呢？近来从报纸上看到大量饮活水的宣传，我因为没有实验过，不敢贸然断定其确有治疗多种疾患的功用，但从原理上推论，多饮水总是有益无损的，不过是否要如宣传所称必须饮如此多量的水，而且定要滤过的活水，而不主张用煮过的沸水，那就不免使我有些怀疑。

以上是关于人生必需而极端重要的三大元素。现在请就维持人的健康之三种经常作用谈谈。这三种作用，一是食，二是睡，三是排泄，都是每日必经的作用。这些作用表现得好，身体自然康健，表现得不好，便不易保持康健。

"食"是摄取营养料的一种自然的作用。依我的经验，营养料之摄取，不怕过少，只怕过多。为什么不怕过少，因为过少了，不敷营养，那就人体自然会产生一种要求，这种要求，通称为饥饿。饥者没有不思食的，除了财力不足以供充分的食料外，定然会自动地满足其要求。至于过多呢？由于美食的刺激，人们往往不自觉地摄取过多的食料，愈积愈多，超过了消化的能力，定然会发生消化不良症，不仅无益于营养，转而因消化不良，致对于正常的食料也妨碍其产生营养的作用。除能藉医药效用，以解除其病患于一时，或改取健全的生理作用，以恢复其正常的效用外，积久了其为害是不堪设想的。说句老实话，一个人宁带三分的饥饿，不可有三分的积食。一般人遇着积食不能消化，辄乞灵于消化药品，以助其消化。我的方法却与此相反。我生平虽也偶然感到胃口不好，那就是消化不良的象征，但我从来不服用什么消化药品，我只是利用一种自然的治疗方法，就是用绝食的方法来使积食自动消化。记得绝食最久的一次，是整整两天有半不食什么东西，只是多饮一些茶水。听说西洋人在绝食之时，往往躺在床上休息，以免多消耗精力。我却适与相反，就是在绝食之时，不断从事于正常的工作。我的理由是：一个人遇到积食不消化之时，当然不会发生食欲，但因经常摄取食料惯了，口舌之欲超过了胃肠之欲。由于口舌只有尝试食味之利益，不像胃肠有消化食料的责任；在人们躺着休息的时候，因为空闲，不免想起每餐口舌的享受，却想不到它会嫁祸于胃肠。然在工作繁忙之时，简直可以忘食，所以我在绝食之时不肯休息，等到夜里倦极思睡才去休息，以免口舌和胃肠冲突。依我的经验，绝食的难关，是在第一天，尤其是第一顿饭，这完全是由于习惯上的要求；挨过了第一天，甚至第一顿饭之后，便不觉其苦。在绝食的时候，积存于体内而尚未消化的食料，便可自动地慢慢消化，等到消化将尽，由于摄取养料的生理上要求，自然而然便恢复了食欲。及至食欲恢复，然后恢复进食，则初次恢复进食的菜肴无论是怎样的菲薄，都使人感觉到有如山珍海错的美味。这是我个人经验之言，绝对不是虚造的。我的饭量本来不差，而且按照广东的习惯，往往一天三餐都食干饭。记得我食得最多之时，每天早餐两碗饭，午餐晚餐各三碗饭。可是现在我的早餐是一碗面或稀饭，午餐一碗饭，晚餐一碗干饭或稀饭，合计起来，现在一天所摄取的淀粉量仅及从前四分之一，除了初改习惯之时，一度略减体重外，迄今多时仍能保持已减的体重，至于精神转较从前多食之时更强健。近来我因老年体重不宜过高，日常在家中吃饭，极力减少，但偶然在外间应酬，为着不愿辜负主人的厚意，我的饮食也就解除约束；不过到了次日，我往往废除早餐，以消化前夕的积食。假使接连有几次应酬，我甚至绝食一二次，以助自动的消化；因此我也常常以骆驼自命。

其次谈到睡眠，正如前面说过，我一直保持早眠早起的习惯。这种习惯的开始，是由于偶然半夜早醒，不能再入睡，我又不愿服安眠药；说句笑话，在过去七十七年中，我简直记不起曾经服用任何一片的安眠药。当半夜睡醒，转辗反侧，无法再入睡的时候，我便披衣起床，从事于读书或写作，稍后如觉得疲倦想睡，便继续再睡，但如已届至午前三四时，我便索性不再睡。次日，因我向无午睡的习惯，整日工作，便不免因昨夜睡眠不足，而需要早睡，那就毫不客气，一经吃过晚饭，甚至早至七时，我便上床睡眠。照这样的，因早起便不得不早眠，也就因早眠而不得不早起。从此渐渐养成牢不可破的习惯，甚至偶因特别事故或特别应酬，迟至午夜十二时方得休息。但虽迟睡了三四小时，我之起床，至多比平时迟一小时，便是平时于上午三四时起床的，改至四五时起床，宁愿在午饭后少睡半小时，或者在晚间更

笑、微笑和朗笑三种。冷笑含有深刻的意义，不是出自愉快的情感，对于健康可能没有好处。但其他两种的笑，都是愉快的表现，不过朗笑的效用当然要比微笑更大些。为什么愉快的笑是有补于健康呢？谁都知道，精神和肉体有密切的关系；精神奋发可以刺激身体的各器官发生作用；反之，精神颓丧也可以窒碍身体之发生正常作用；因此，除了特殊的病患外，在感受一般的病患时，心理上认为无病，则病势至少可以减轻几分；反之，心理上认为大病，则病势定然会因感想而变为严重些。对于前一种的心理，我生平经历过多次，结果皆如我所感想。至于后一种的心理，我虽然自身没有经验，但在亲友中颇发见不少的事例，足以证明我的推论不错。高谈大笑可以发抒心情，心情舒畅，则一切机能当然受此积极的激励，而发生顺利的作用。

总之，身体的运动和精神的运动，是表里的作用，联合起来，都是有益于健康的。

（一九六四年四月十二日为健康长寿会年会讲述）

我所认识的高梦旦先生

　　我最初认识高梦旦先生，是在民国十年中秋节之前一二星期。那时他正担任商务印书馆的编译所所长；我却闲居在上海，替一个旧学生新办的一间小书店主编一部丛书。给我们介绍的人，就是胡适之先生。因为高先生担任商务的编译所长多年，自己常以不懂外国文字为憾。自从新文化运动开始以后，商务努力出版关于新文化的书籍。高先生认为不懂外国文字的人，对于新文化的介绍，不免有些隔阂；因此屡屡求贤自代。他看中了新文化运动的大师胡适之先生，盼望他能够俯就商务的编译所所长。经过了多次劝驾和拖延了几个年头，胡先生毕竟碍于情面而应允了。但是胡先生的应允是有条件的。他的条件就是先行尝试几个月，如果尝试之后认为于自己的性情不合，仍然要还他初服的。那时候胡先生正在北大任教，为着便利尝试起见，择定民国十年的暑假，暂时不用名义来商务编译所视察两个月。经过相当时期之后，胡先生把商务编译所的内容和工作都研究清楚；一面提出改革的计划，一面却以编译所长的职务关于行政方面较多，与他的个性不很相宜，便对高先生说明他的意旨，打算尝试期满仍回北大教书。高先生是极重信义的人，也是最能尊重他人意旨的人；因此，他对于胡先生继任编译所所长虽然害了好几年的单相思，但是经胡先生坚决表示意旨之后，他便不敢强留。于是不得已而思其次；请求胡先生找一个替身。他因为崇拜胡先生，便以胡先生认为适当的人是没有不适当的。事有凑巧，胡先生从前和我有同学之雅；当他出洋留学以前，我们常在一起。他回国任教于北大的时候，我已经回南方；直至这次来上海小住，我们才有机会话旧，而且常相过从。他从前知道我对于读书做事都能吃苦，又曾发见我于青年时代做过一件呆事，把一部《大英百科全书》从头至尾读了一遍。这次留沪相聚，又知道我十年来读书做事的经过，和新近从事编译事业。那时候不知道他怎样决定下来，事前绝对没有和我商量，便把我推荐于高先生，作为他自己的替身。高先生对于我从前并无一面之雅；对于我的著译，据他后来对我说，虽略经寓目，却没有看出什么特色。可是一经胡先生的推荐，他便毫不迟疑的郑重考虑。经胡先生介绍我们一度晤谈之后，他便向商务当局提议举我自代。我呢，因为正想从事编译工作；如果能够有一个大规模的出版家给我发展，那是无所用其客气的。而且我平素有一种特性，对于任何新的工作或是重的责任，只要与我的兴趣相合，往往就大着胆去尝试的。因此我除了提出和胡先生从前所提的惟一条件，就是给我三个月尝试再行定夺外，也就一口答应下来。记得从民国十年的中秋日，我便到商务编译所开始工作。初时我并没有什么名义，每日承高先生把编译所的工作和内容详细见告，并由高先生随时把种种问题提出和我商量。这样的过了三个月，他便要求我正式接任编译所所长，并应允和从前应允胡先生一般，于我接任编译所长之后，他仍留所内，改任出版部部长，随时助我处理所务。我在这几个月中，承高先生开诚指导，并承他将来继续相助，同时我对于这件工作的兴趣也很浓厚；因此便正式接受了。从此以后，我便和高先生直接共事六年，到了民国十六年，高先生因为年满六十，坚执要步张菊生先生的后尘，脱离商务的直接职务。但此后十年之间，无时不以商务和我个人的至友资格，尽力赞助；虽至病笃之日，仍不改其态度。自从我开始认识高先生之日，直到他撒手离开这世界的一秒钟（因为高先生去世的一秒钟我正侍立病榻之旁），中间约莫十五足年，对公事上我和他商讨最多，对私交上我也和他过从最密。他的性情，我是认识最真之一人；他的美德，我也是知道最多之一人。不过事后追记，不免挂一漏万。而且在百忙当中，要作详尽的记述，也有所不能。现在且根据留在我脑中最深刻的印象，给高先生写写各方面的真容。

第一、高先生是一个老少年。高先生的性行，断不是几个字所能完全表现的。如果只限于几个字，恐怕再没有像这老少年三个字为近似了。高先生去世时已经是六十八岁，不能不算是老；高先生在最近几年间，身体容貌也无一不呈衰老的样子；可是他的精神，直至服了大量安眠药，长眠不醒以前，无时无刻不是少年的。他常常对我说，旧日读书人要推行所主张的事，往往以"于古有之"一句话为护符。高先生却以为把这个"古"字改作"外"字较为妥当。他并不是说笑话，而是认定古制对于现代至少是不适合的。他又以为，现在强盛之外邦确有其致强盛之道；社会状况纵然彼此有些不同，而自然科学是没有国界的。推此一念，所以有病待治，则绝对信赖西医，而反对中医；甚至对其最崇拜之胡适之先生为某中医捧场时，他也不怕公然反对。又如度量衡一项，他极力提倡最合科学的米突制，而反对任何折衷的制度或实际流行颇重的英美制。这还算关于自然科学的。至于社会问题，他也很倾向于新的方面。记得民国十年我初到商务任事时，编译所同事某君，以向未结婚的老童男和再醮的某女士结婚；这在目前本不为奇，但十五年前的社会习惯，和现在相差还远。高先生对于此事，却当做断发天足一般的热心提倡，逢人表示恭维的意思。又高先生平素虽不喜谈政治，但偶遇时人主张一种制度而附会到旧说或旧制的时候，高先生屡屡对我说，这简直像把现代国家之共和制度和周召共和附会起来同样的可笑。这几个例子，都可以证明高先生的思想是少年而进步的。再从日常细事观察一下，像高先生的资望和年龄，不知道他的人或者以为是道貌岸然的。其实大大相反。他每次到我家来，见着我的小儿女，总是和他们戏弄说笑，口里常说"我和你比比气力，打打架，好吗？"因此我的小儿女都不觉得这是老伯伯，只认为他是小朋友之一。他不但对朋友的儿女如此，就是对于自己的儿女，而且是长成的儿女，也持着同一态度。别人家的老父，对于已长成的儿女，大都是庄严其貌，可是我常见高先生和他的儿女一起谈笑讨论，绝对不摆出老父的派头。他去世后之某一日，他的长女君珊小姐含泪对我说："别人家只不过死了一个父亲；我们却不但死了父亲，而且死了最可爱的一个朋友。"这的确是没有半点虚饰的说话。又高先生卧病医院时，我逐日前往探问，因格于医院的禁令，不敢入病室惊动高先生。高先生却屡向家人询问何以我没有来。家人卒以实告，乃坚嘱下次来时，邀我入室，并允不多谈话。其后，我入病室相见。我的第一句话，就是请他安心静养，此时遵医嘱不敢多谈话。而高先生第一句话的答语，就是"你每日来此，却不进来谈谈，我已侦探明白，俟我病好出院，和你算帐打架。"言毕，彼此一笑。其少年的性情，虽在病重时仍然流露。不料这位可以互相打架的老少年朋友，等不及出医院，已没有再谈话的机会了。

第二、高先生是一个性圆而行方的人。这里"性圆"二字，虽然是我所杜撰；但上下联缀起来，其意义自然明了。蒋竹庄、庄百俞两先生为高先生所撰的传，都说高先生性刚。但自从我认识高先生以来，至少有六年工夫每日和他共事；觉得他总没有发过一次脾气。换一方面，我自己却发了好几次的怪脾气，全赖高先生把我镇静下来。高先生镇静我的脾气，有一种很巧妙的方法。就是当我脾气正在发作的时候，他大都对我表示十二分的同情，等我脾气稍息，他往往用幽默的话，引我的情绪离开关系的问题，渐渐把它淡忘。俟有相当机会，再用几句警语，使我自己感觉前次发脾气之无意义。他这种方法，如果用于教育上，也可以算是一种优良而有效的方法。他是否对别人也用这种方法，我不得而知。但对我却已用过好几次。我平素性情傲僻，自从开始服务以来，除教书时能长久维持学生的好感外，其他所任职务，都不能久于其职。自从加入商务印书馆后，接连十五年间，虽然好几次自己想走，但是除了民国十九年一度辞职，那时高先生已经脱离商务印书馆的直接职务，而且我这次辞职已得高先生同意外，其他好几次想走的机会，都给高先生用上述方法于无形中消泯了。我又常常听见高先生说起，他替商务做了不少次的和事老。商务的当局，我敢说，都是为公的；可是学识眼光种种不同，长久共事，总不免有些意见。而介于其间，以妥协的方法消除当局间彼此相左的意见的，恐怕高先生就是重要之一人。他曾经和我提起一句笑话，说他好像是印刷机器上的橡皮，其意便指此事。而且高先生不只是那时候各当局间的橡皮，并且一度做过商务印书馆劳资双方的橡皮。因为在民国十五年以前，商务劳资双方虽然极少争执，却也曾有过一次局部的罢工；而复工的时候，则由高先生带领那些罢工者入厂。这件事发生在我加入商务以前，详情我不知道。事后偶闻高先生说起，当时虽没有详询来由，但总可断定是靠高先生以平素消泯公司当局间意见的同一方法，来解决那一次劳资纠纷罢。综此几个例子，我为他杜撰"性圆"这一名词，似乎是再适当没有了。但是他的性情虽是圆的，而他的行为却仿佛是四个九十度直角所成的正方形。关于这一项，可举的例子极多，不及枚举。概括说起来，就是绝对不要一个不劳而获的钱，绝对不引用私人，以及违反自己宗旨的事无论如何绝对不肯屈从。这最后的一项，似乎和性圆的人是不相合的。可是就我十几年来所知道的，高先生一方面很方正的维持他的宗旨，另一方面仍无损于圆通的性情。这确是别人所做不到；尤其是像我这样的人，是断断不能学步的。

第三、高先生是一个思虑周密而非寡断的人。高先生思虑的周密，凡在知好同事没有不承认的。即高先生自己也不否认。但是寡断一语，却是他自己的谦辞。别人因为受了这种自我宣传的影响，却也有些承认此语的。其实思虑周密的人，因为顾虑过多，遇事间或不易决断。不过思虑周密的程度如果达到相当的高，把利害分析得很清楚，虽然任何办法不能有绝对的利，尽可采取利最多而害最少之法；因此仍不难下决断。高先生实是这一种的人，所以他的思虑尽管周密，遇事仍能下最大决心。试举一极显著的例子，当他举我自代之时，我的声名远不及胡适之先生，我和高先生的交情可说是绝对无有；同时怀疑我的人，在商务内外皆有之。事后他都告诉我，我自己也承认这种种怀疑亦有相当理由。但是高先生一部分固然是信赖胡适之先生的推荐，大部分还是利用他周密的思虑，把利害两方细细权量轻重，才毅然下此决断的。

第四、高先生是一个不能演说的说客。高先生常常称赞我的演说才，而自恨不能演说。的确，我和高先生认识了十五年，没有听过他一次的演说。所以高先生关于这一项的谦辞，我不敢否认。可是高先生当说客的本领，是值得人人赞许的。我亲见他为着商务印书馆的事，做过了好几次的说客，每次都有满意的结果。对公众的演说和对私人的说辞，方法本不相同；公众的演说第一要有气魄，第二要言语清楚，第三还要带点荒唐的态度。高先生说话不很响亮，所说的国语带了一半福建土白；同时过分谨慎，恐怕在公众面前演说，要出了什么差处。因此他不肯轻易作演说的尝试。久而久之，便更觉自怯，而认为自己的确不能演说。其实，只要一二次大着胆尝试尝试，便不觉其难了。我屡次以此劝诱高先生，甚至有一回为着他所最热心提倡的四角号码检字法研究班举行竞赛给奖，坚请他作简单的演说。他总没有答应。可是高先生的口才原来不差；一则他有逻辑的思想，二则他很熟识世故，三则他有极诚恳的态度，四则他有极圆通的性情，所以什么复杂的事，经他解释或疏通一下，没有不症结立解的。

第五、高先生是一个不长于算学的算学家。我国旧日的读书人，最不注重数目字；所以说到山的高，动辄千百里，说到田的多，动辄万千顷，做起事来，也就不肯一一二二分别清楚，总是"差不多"，"大概"，这样的模糊过去。甚至受过新式教育的人，表面上高等算学也曾涉猎；但是除有直接运用算式的必要外，平时办事也很少利用算学来解决的。高先生却不如此，他虽然是旧学的出身，没有受过新教育的洗礼，他对于算学的智识也不高深；但是讨论事件的时候，他总是手持铅笔，运用四则比例或百分的笔算，作为决断的根据。在没有计算清楚以前，不曾遽作结论。他并且喜欢比较计算，譬如想出版某一种书，估计其营业的损失，常人只不过按照所拟的版式字体或纸张加以计算罢了。高先生却另行假定种种可能的版式字体和纸张，把这种种假定计算所得的结果和原拟计划的结果互相比较。这虽然多费一些工夫，但他总是不惮烦劳的。他又常常试作统计，虽然他对于统计工作所能运用的算式，只是百分法或是加法和除法所得的平均数。但是主持全局的人本来用不着自己从事精深繁琐的计算，只要遇事都作粗略的统计或比较，那就很难能可贵了。高先生有了这种运用算学的良好习惯，所以在他的细密思想中，又加上客观的论据了。

第六、高先生是一个舍短取长的鉴衡家。高先生是最爱才的人，随时随地都想物色人材。他对于人材的鉴衡，抱持着最公允的态度。他认为天下没有完全的人物，因此，对于大醇小疵的人材，不仅舍短取长，而且完全忘却其短处。单就商务印书馆一方面而论，经他拔擢的人着实不少，结果，都是很有用的人材，影响于商务印书馆的发展很大。当他举我自代时，我所有的短处，断不能逃过他的鉴衡。不过还是持着平素所持的态度，把我的短处忘却罢了。

第七、高先生是多方面的研究家，又是许多研究家的赞助人。高先生对于研究的兴趣很浓，而且是多方面的。在二十几年前，有改革部首的草案，其方法但管字形，不管字义，将旧字典的二百十四部，就形式相近者并为八十部。并确定上下左右的部居。此法较旧法已很便利；但高先生是一位彻底改革家，自己认此方案还不算彻底，始终没有把它发表。他又抱成功不必在我的态度，当他把自己的检字方案搁置时，便留心到外间有没有热心研究改革检字方案的人。后来给他发现林语堂先生曾经发表一种首笔检字法。那时候林先生在清华大学担任教科。民国十三年秋间，高先生因事到北平，辗转托人介绍与林先生详谈，力劝林先生继续研究。后来回到上海和我商量，我也赞成此举。因此便由商务编译所与林先生订一合作研究的契约。于一年期内，由商务按月资助林先生若干元，由林先生酌减教书的钟点，从事新检字法的研究。后来我对于检字法的研究也发生了兴趣，有一天对高先生说起这事，他虽然极力赞助他人从事这项研究，但因我日间职务很忙，不愿我过于劳苦；便把成功不必在我一语来相劝。但是我的兴趣已是一发而不可收拾，便瞒着高先生，私底下每晚在家里研究。过了约莫半年，我偶然发明号码检字法，欢喜到了不得。次日对高先生和盘托出；他也欢喜万状。其后，我因为这号码检字法虽然易学，但对于笔画较多的字还觉不易检查。于是决计放弃此法，另行研究。又费了一年工夫，才发明四角号码检字法。在这时期和以后继续研究修订四角检字法的一二年内，高先生无时不赞助我，并且给我许多有益的意见。及至四角检字法研究告一段落，高先生又认为一种新方法的成败固由于本体的效用，但是宣传工作也有重大关系。于是他便把宣传四角检字法引为己任。近年我因为职务特忙，简直没工夫顾到检字法。高先生却继续不断把这检字法热心推行。他常常埋怨我近年对四角检字法太不热心，笑对我说："姓王的所养的儿子四角检字法，已经过继给姓高的了。"就此一点，可见高先生对于研究事业的热心赞助。除了检字法以外，高先生自己研究而有成绩者，有一种十三月的新历法，已经著有专书，由商务印书馆出版。高先生因幼时读沈括的《梦溪笔谈》，大为感动。沈氏倡议更改历法，分每年为十二月，每月以三十一日与三十日相间，不置闰月，每年每月的日期自较整齐。高先生以沈氏此法较现在阴阳历为胜。后来又以世界各国既已注重星期，则沈氏之法，尚有修改余地。修改的要点，在如何联合年月星期三者，使其成为一种调和的历法。经过许久的思考，高先生遂于民国前十一年创议分每年为十三月，每月为二十八日。此方案先后由《新民丛报》及《东方杂志》发表，引起许多人的注意。及民国十六年全国教育会议开会，高先生将此案提出，即经大会通过，交中央研究院研究后，再呈国民政府训令出席国际联盟会代表，提供国际改历会议之研究。至于高先生热心赞助而常常与人商榷者，尚有简字方案，度量衡方案等，或见于杂志，或仅存函稿，尚未发表。有一次他为着推行新度量衡，使深入民间起见，提议将铜辅币的直径有所变更，使等于新制的若干公分，俾一般人把铜辅币权充新制尺度之用。又有几次，他把改革电报便利发电人的意见，贡献给交通部电政司长某君。结果竟被采行。高先生只期便利于社会，对于自己的工作多未宣传。但对于别人研究的结果，却力任宣传之责；其大公无私的精神，真足敬佩。

第八、高先生是一个义勇的胆怯者。高先生常说自己胆小。的确，他的胆子并不大；而且思虑周密的人，世事看得太透，在这个遍地荆棘的世界，自然有格外慎重之必要。但高先生虽然胆小，遇着必要的时候，尤其是遇着朋友急难的时候，他简直不怕身入虎穴。十年前我曾一度被难，身陷匪窟，那时候先父以病废，不能行动，儿辈尚幼，家母内人束手无策，而平素以胆怯自居的高先生独负全责，为我营救。其冒险的情形，非片言所能尽。其义勇的精神，尤非胆怯者所能有。

总之，高先生对家庭、对朋友、对事业、对学术，从现代的意义评量起来，任一方面都算得是理想的人物。胡适之先生称他为现代圣人之一，绝对不是过分。我小时失学，没有良师督教；我的几个哥哥又早年见背；我的父亲对我的管教向极放任。我就在这样情形之下，自己造成一个世界；因此个性过强，落落寡合。自从获交于现代圣人之一的高先生，有形无形都受了他的很大影响。假使近年我能够在任何方面有些贡献，高先生至少应居过半之功。高先生待我不仅是最知己的朋友，简直要超过同怀的兄弟。所以我正可模仿君珊小姐的话而说："别人家只不过死了一个好朋友；我却不但死了好朋友，而且死了最可爱的长兄。"

高先生的嘉言懿行还多得很，有工夫我再详详细细追记下来。

（二十五年九月脱稿，交是月十六日《东方杂志》发表）

蔡孑民先生与我

我认识蔡孑民先生，始于民国元年一月下旬；但我开始听到他的大名则在临时大总统府成立后一二日。由于报纸刊载各部首长的名字，蔡先生被列为教育总长；其时我从事教育工作已有六七年，平素对于教育的制度备极关怀，因而对新政府的新教育首长，当然想略知其历史。不久我便探悉蔡先生是一位翰林，却具有革命思想，且曾在上海组织中国教育会。这时候我已由国父孙先生邀任临时大总统府秘书，正在清理手边未了的事，不日便要晋京任职，绝无另行求职之意。只是积久欲吐有关教育的意见，现在面对一位可以进言的主管部长，姑且尽我言责，至于能否发生影响，固所不计。于是我便抽出一些工夫，写了一件建议书，现在追忆起来，大约包括有左列各项建议：

（一）提高中等学校程度，废止各省所设的高等学堂，在大学附设一二年的预科，考选中等学校毕业生或相当程度者入学，预科毕业者升入本科。

（二）大学不限于国立，应准许私立；国立者不限于北平原设之一所，全国暂行分区各设一所。那时候我主张，除北平原有所谓京师大学堂外，南京、广州、汉口应尽先各设一所。

（三）各省得视需要，设专门学校，其修业年期较大学为短，注重实用。

按我国清末学制，各省设高等学堂一所，其大旨系仿日本的高等学校。惟日本所设的高等学校与大学有相当比例，程度也能衔接，故高等学校毕业生多能升入大学；我国各省分设高等学堂，其毕业人数断非设立京城惟一的国立大学所能容纳，且各省高等学堂虽相当于大学预科，然因程度不齐，多未能达成预科的作用，于是实际的作用，仅成为高等的普通学校。我认为不如将中学校程度提高，完成普通教育，其有志深造者，径行考升大学直接附设的预科。预科改由大学附设，其程度自较易与大学本科衔接，不若各省高等学堂所造就者，大半不能升入大学，徒成为普通教育之额外提高，在教育的作用上不免等于一种浪费。因此，我一方面主张增设国立大学，并分区设立，以便升学；一面主张准许设置私立大学，使那时已具基础之若干教会学校得于符合条件后升格为大学，以宏造就。至于为适应需要，并应准许各省设立专门学校，为期较大学为短，与清末的高等学堂和现在的专科学校相当，与大学分道扬镳，而改进当时高等学堂的空泛效用，使更合于实用。以上便是我对民国学制改进的建议大要。

我以一个未曾受过高等教育的青年，居然提供许多关于高等教育的意见，不能不说是一种大胆的尝试。真想不到此一建议书，从上海邮寄到南京教育部以后，不过十日左右，我便在南京临时大总统府服务中接到由上海家里转来蔡先生的一封亲笔信，大意说对我所提供的意见认为极中肯，坚邀我来部"相助为理"。

我既承国父孙先生的厚意，在一席谈话之后，自动委以机要之职；现在又以尚未谋面，仅凭一纸意见书，又承蔡先生邀请相助为理。在鱼与熊掌之间，既不应见异思迁，又不愿放弃久怀改进教育而一旦获得可能实现的机会。幸而在不得已请示孙先生之际，承他老人家爱护有加，令我半日留府服务，半日前往教育部相助；于是我才敢持着蔡先生的手书，前往教育部面谒。想不到经此一度面谒之后，我对于蔡先生不仅做了半年左右的属员，而且缔结了三十年的深交，尤其是在抗战初期蔡先生因体弱不能跋涉远来后方，我因主持商务印书馆，不能不往返于后方与香港之间，初时同住商务印书馆的临时宿舍，继则时相过从，蔡先生视我如手足，我则视蔡先生如长兄，在蔡先生逝世时，我成为朋友中惟一的随侍病榻送终者。人生际遇真有不可思议之处。兹更就记忆，概述蔡先生与我三十年间的关系。

　　且说当时的教育部，草创伊始，还未曾订定什么官制。记得在教育部服务的各人，都由蔡先生致送聘书，任为筹备员；工作上虽有差别，实际上也难免要分为主办的和协办的地位，却没有阶级高低的区分，所领津贴也一律为每月六十元。由于我只以半日来部办公，而且是同人中年纪最轻的（当时只有廿四岁），当然不可能成为主办人员。那时候和我一起工作的有钟宪鬯（观光）、蒋竹庄（维乔）和汤爱理（中）诸君。钟君年事很高，曾在上海开办理化研习所，闻蔡先生一度加入听讲；蒋先生曾参加蔡先生主持的中国教育会；汤先生则系日本留学生，专攻法律。我们日常的工作，多半是讨论民国的新学制和课程；惟以临时大总统孙先生下野，政府不久北迁；在南京时代，一切规划还没有定议。

　　是年三月，唐少川（绍仪）先生受任为国务总理后，南京政府各机关开始北迁。蔡先生仍任教育部总长，我也随往北京任职。这时候，我奉派为专门司第一科科长，前清学部员外郎路壬甫（孝植）为第二科科长，英国留学硕士杨焕之（曾浩）为第三科科长。我们的司长林少旭（棨）是专攻法律的留日毕业生，原任学部参议。至与我在南京共同工作之钟、蒋、汤三君均任参事。北迁后的教育部次长是范静生（源濂）先生，原系学部郎中。我在长官和同事间，资历最浅，年纪也最轻，但由于蔡先生之赏识，我也能努力工作，对上对下与对同僚均甚融洽。据我的主管司长说，我以一个毫无行政经验的人，不仅处理公务有如老吏，对于公文的起草修正，也无不适合分际。在蔡先生留京任职的几个月内，我的工作记得系以对《大学令》和《专门学校令》的起草，以及对京师大学堂的协助接收为主。上述两令实际上已把我在南京政府初成立时对蔡先生的建议三点完全采纳。至对于京师大学堂的接收事，系由我与第三科长杨君会同办理，我以一个初出茅庐，且从未进入大学之门的青年，总算应付得宜，而会同办理之杨君却一切归功于我。因此，我在当时的教育部科长中，与普通教育司的许寿裳科长（后来迭任教育厅长，终于台省教育厅长任内）齐名。许先生是蔡先生的同乡后辈，我却是一个毫无关系的后进，同受蔡先生的拔擢，侧闻蔡先生常引以自慰。

但是好景不常，是年六月间唐内阁以责任内阁不能负责而辞职；蔡先生本来与唐少川先生毫无渊源，却坚请联带辞职，其风度与唐先生原对袁世凯总统有深切关系而不惜坚辞者，同为政治界之美谈。唐内阁辞职后，由陆徵祥继而组阁，蔡先生去职后，则由原任次长范静生先生继任，而以原任蔡先生秘书长董恂士（鸿祎）君为次长。初时一切萧规曹随，尚无何问题发生。后来由于专门司司长，林少旭先生改任高等审判厅厅长；在他以法律专材从事司法工作，当然用得其长，但是问题便发生在他的继任人选。林先生一向和我相处得很好，尤其对我的能力与负责精神不断表示赞扬，在他要离开教育部时，私下曾对我有所表示，并言将力保我继任专门司司长。及至他的新任命发表，司中同人也一致认为我之继任，实为当然之事。想不到最后决定，却是以第二科路科长升任。路先生平时对我非常客气，骤膺此命形色上也表示万分不安。后来据林先生密告我，当他保举我继任之时，范总长好像满口答应，想不到经过几日后，范先生突然密告林先生，说以我的能力和负责精神，升任司长极适当，惟经详加考虑，以路先生资历极深，原任学部员外郎，与范先生仅次一级，一旦由资历较浅如我者擢升，难免不使路先生失望；好在我年事尚轻，来日方长，暂缓升任当无问题。范先生的抉择当然未可厚非；但我毕竟少不更事，乍闻新命，心里确不免有几分难过，幸而平素遇事尚能与他人易地设想，经过了一二日，也就释然。后来因为路司长侧重保守，司中同人富于积极精神的新进者颇多不满，甚至学部旧人，夙与路司长共事者间亦具有同感，遂使我处境甚感困惑，除极力遏抑自己情感外，还矫情转劝他人。可是矫情的结果，偶然不免落出不自然的状态。消息间接传到刚从德国回来的蔡先生耳朵，听说他曾传述意见，劝当局把我调任北京大学的预科学长，不知何故又有人从中阻挠，否则后来一段不必要的纠纷，当可消除于无形。蔡先生爱我之深，更可于此见之。

服从，绝不能以属员的多数团结对抗长官，此为世界一般政治的通则。因此，我不得不维护行政上的原则，力劝各参事司长，在已尽其言责之后不宜过分坚持。想不到因此竟触众怒，认为我袒护同乡的长官。最后，全体参事、司长除社会教育司长夏先生外，一致对陈总长以集体辞职为要挟，陈总长不为所动，皆予照准。除派我暂兼专门司司长外，并派杨科长曾诰及彭视学守正兼署参事。董次长为表示对于辞职参司五人之同情，亦请病假不到部。陈先生初时态度坚决，不予置理。我对这几位辞职的参事、司长，虽多从南京时代开始共事，平素感情也还融洽，可是为着政治上的原则，不得不支持陈总长，以免恶例一开，将来政务官不能发生其对政治的作用，转为僚属集体把持，无异太阿倒持。如果陈先生能够坚持到底，此一原则或可确立不移。可惜得很，陈先生不知受到外间什么压力，突然请辞兼署教育总长之职，改由请假中之董次长暂代部务，不久又由汪大燮来长教部，于是已辞职照准之各位参事、司长，大都复职或转职，杨曾诰、彭守正二君也各回任本职，我只好出于辞职之一道了。此一事件发生后在人情上我似乎有些对不起几位从南京开始共事的朋友，尤以多系蔡先生所用之人，然而在公事上我是问心无愧的。后来蔡先生听到此事，却未尝对我有何不满。二十年后，当我和蔡先生时相把晤之时，偶然谈起此事，我颇咎自己当时的少年气盛，但蔡先生认为我的主张绝对正确，并力言在处理公务之时，断不可顾及私情。

民国十年我开始担任商务印书馆的编译所所长，蔡先生也已从国外倦游归来。由于商务印书馆和我均与蔡先生有旧关系，对于编辑和校阅之任务常向蔡先生请求指教或相助。前任编译所所长而现任该馆监理之张菊生先生和蔡先生为科举同年，对蔡先生的称谓常用其旧日的别号"鹤卿"，于是我也逐渐从"孑民"先生改称为鹤卿先生，倍益亲切。我对于商务印书馆编译出版方面有所创作，事前辄向蔡先生请教；个人偶有作述，亦几乎无一不请蔡先生指正。蔡先生对于我有所举措无不鼓励有加，例如民国十四五年间，我从事于检字法之研究，发明四角号码检字法，蔡先生首先为我作序，其末有如左之一段：

中国人创设这一类方法的，我所知道，自林语堂先生五母笔，二十八子笔始。林先生的草案虽五六年前曾演给我看；然而他那具体的排列法，至今还没有发表，我还不能亲自演习，究竟便利到何等程度，我还不敢下断语。最近见到的，就是王云五先生这种四角号码检字法了。他变通永字八法的旧式而归纳笔画为十种；仿照平上去入四音的圈发法，而以四角的笔画为标准；又仍以电报号码的形式，以十数代表十笔，而以○兼代无有笔画之角。这种钩心斗角的组织，真是巧妙极了。而最难得的是与他自己预定的八原则，都能丝丝入扣。王先生独任其劳，而给人人有永逸的实用，我们应如何感谢呢？

又民国十七年当我创作《中外图书统一分类法》向蔡先生请教时，他也自动为我作序，有片言道破内容的左列两段文字：

（一）王云五先生博览深思，认为杜威的分类法，比较地适用于中国，而又加以扩充，创出新的号码，如"十""廿""卅"之类，多方活用。换句话说，就是一方面维持杜威的原有号码，毫不裁减，一方面却添出新创的类号来补充前人的缺点。这样一来，分类统一的困难，便可以完全消除了。

（二）著者姓名，中文用偏旁，西文用字母，绝对不能合在一列。若是把中文译成西文，或把西文翻成中文，一定生许多分歧。其他如卡特所编的姓氏表，于每个姓氏给以一个号码，也是烦杂而无意义。要一种统一而又有意义可寻的方法，莫如采用公共的符号，可以兼摄两方的。这种公共的符号，又被云五先生觅得了。

民国十六七年，我开始筹备《万有文库》初集的编印，其中对于书目的拟订，煞费思量，并欲藉此以一个具体而微的图书馆，以低廉的价格和最便利的方法，供应于读书界。此一措施极承蔡先生鼓励，对于书目的决定，亦选承指正，关于著译的人选亦多承推荐。蔡先生的学生知好极多，自动恳求蔡先生向我介绍书稿，或推荐职业者，蔡先生大都是来者不拒，而且每一次都是亲笔作简单的介绍。但他亲自对我说，他的介绍目的，只是让我知道其书稿或其人的来源，由我自行注意；因为他绝对没有工夫把每一书稿都读过，或把每一个人的服务能力考验过，才写信介绍，因为这是各有专长的事。一部书稿到了我们的编译所也是分交有关的专家审查；一个人被推荐后，也应经过考验。所以他的介绍书，只是使我注意其来历而已，至有特别推介之必要者，蔡先生的信定然写得较为具体而详尽。我领会此意，所以对于蔡先生的一般推介函，多不另作详尽的考虑。这一点可能是我与蔡先生性情不同的地方。我因为从事出版事业多年，遇事注重实际，对于介绍函绝少书写，尤其是习惯成了自然，一旦破例，辄易使人误会为真正的推介。蔡先生毕生度着学者的生活，同时富于中国的人情味，多年以来对于推介之请求既然是来者不拒，一旦予人以峻拒，定然使受者万分难堪，因此，到了晚年他还是保持此种多年习惯。这完全是由于处境不同，我之尊重蔡先生的习惯，正如我自己保持自己的习惯一般。

民国十八年，我在商务印书馆任职已满八年，在编译所方面，应付二三百位的读书人还不感任何困难，而负担艰巨工作，特别是多至二千册的第一集《万有文库》也已顺利出版，假使我继续下去，对于原有的任务尚鲜问题。问题却发生在与我本无直接关系的任务。自从民国十五年以来，上海的劳资纠纷迭起，商务印书馆的工会是在企业界中最具势力者之一。纠纷之起当然以印刷所为主，发行所及总务处次之；编译所间有少数人活跃，大多数皆为新旧学者，态度稳健。因此，工潮的发生，如果不是由印刷所长从事局部的应付，便应由总经理协理与人事科长作全盘的应付，在理是不应轮到我头上的。但因那时候的总经理为印刷所长鲍先生所兼任，他年事已高，且平素笃实不善言辞，其他经协理等亦多属于这一类型，因此某一次工潮闹大了，使我不能不挺身而出，结果应付尚属得当，一场风波随而平息。此后一遇劳资纠纷，资方都一致推我出马交涉，竟使不应负责的我，转而负了全面的责任。这些消极的事，偶尔担负尚无不可，若渐渐变成家常便饭，那就对于一位需用脑力以应付出版计划和学术研究的人，未免是近乎残酷了。因此之故，我对于商务印书馆的任务，原具有最高兴趣者，其兴趣便逐渐随工潮之继涨增高而低落。于是决心摆脱，并先设法物色替人。适数年前为编译所聘得何柏丞（炳松）君为史地部部长，经年来的注意观察，认为尚适于继我之任。于是开始作辞职的打算。适中央研究院成立，蔡先生担任院长，并罗致我的一位旧学生杨杏佛（铨）为总干事，杏佛又兼任社会科学研究所所长。我偶与杏佛谈及脱离商务印书馆之决心，杏佛初时力劝不可，经我详加剖析，卒亦赞同，因言社会科学研究所新成立，他以总干事兼任，原系暂局，设我辞商务职获准，愿举贤自代，一如八年前胡适之君举我代任商务编译所所长之故事，且同为我的及门，已有先例，应步后尘。我力言万万不可，因我对商务编译所正苦于行政成分太多，如能摆脱，只愿担任纯粹为学术致力之研究工作，否则我又何必薄商务而不为。杏佛卒以此事转告蔡先生，蔡先生深知我近来之辛劳，谓商务设许我脱离，则中央研究院极欢迎我来参加，但对杏佛之荐我自代，他却赞成我的主张，谓社会科学研究所所长职务，虽不若商务编译所之烦，我既为节劳而辞商务，则中研院应聘我为研究员，使我得由八年来多半努力于行政者，转而殚精于研究工作。蔡先生之知我爱我，闻之使我至为感奋。经数度磋商，我对商务编译所卒达成推荐何柏丞君为代之愿望，而对中央研究院则接受专任研究员之聘约，然固辞不获已，仍兼该所法制组主任名义，好在开始时只是一人一组，仅有助理研究员三数人相助，譬如大学校之系主任仍兼教授，与院长之难免行政工作者有别。

约莫在民国十八年九十月间，我便移转工作阵地于中央研究院社会科学研究所。我首先择定的一个研究问题，便是"犯罪问题"，而以向若干监狱作个案调查为出发点，首先计划了一个调查表，并罗致了三位助理研究员，一是北大习法律的，一是燕京大学习社会学的，又一是东吴法学院习法律的。他们都很努力而合作。原拟以一年工夫从事调查，第二年则着手于分析与研究。想不到仅仅经过了三四个月的安静生活，我又给一件较前更麻烦的工作所纠缠。原因是商务印书馆的总经理兼印刷所所长鲍先生突然逝世，继任人选在印刷所所长一职尚无问题，而对于总经理职务，董事会再三考虑，认为只有我最为适当，经一致通过后，分别推人劝驾。我本来为避麻烦而请辞，如果接受此职，麻烦有加无减，当然力为拒绝，可是经不了商务的元老和当局纷纷吁请，几于逐日到我的研究所或家中相劝。后来我以情不可却，乃提出一项不可能被接受的条件，就是说我虽曾在商务任职八年，但所经验者只限于编译和出版。总经理主持全局，尤须精于管理；必不得已我只好在名义上就职以后，即往欧美研究企业管理，为期至少半年，然后返国负责。此外我还提及商务印书馆向来采取合议制，由总经理，两位协理和三位所长构成；此种制度不适于现代的管理，我如担任此席，似须取消合议制，改为总经理负责制。真想不到，这两条件都获董事会完全接受，于是不得已就职，即日以协理李拔可先生代理，我随即于民国十九年三月左右出国考察；同时也就不得不放弃社会科学研究所的任务，蔡先生夙为商务印书馆好友，也只好答应我辞职，计任职不满半年，遂又结束了我第二次在蔡先生领导下的职务。

我在民国十九年九十月间考察完毕，返国即在商务印书馆实行科学管理，越一年颇著成效；不幸于二十一年一月二十八日闸北之战，商务印书馆总厂被日本飞机全部炸毁，不得已歇业半年，清理后于同年八月复业，赖科学管理之彻底推行，效率大增，恢复甚速。旋即发表印行《大学丛书》，以谋学术独立，经组织《大学丛书》委员会，审查书稿；委员会得蔡先生领衔倡导，全国学术专家无不乐予合作，迄于二十六年八月全面抗战起，不满五年，而印行之《大学丛书》多至三四百种。同时期内，我又编印《万有文库》第二集二千册，其中收入《国学基本丛书》及《汉译世界名著》，各数百种，自拟定书目以迄校阅，也多赖蔡先生指导协助。

最后的一个阶段，蔡先生与我相处于香港，直至其去世时为止。自二十六年八月上海发动的全面抗战以后，我为着策划商务印书馆的应变工作，经于是年十月间离沪前往香港，因为商务印书馆在香港设有一个相当规模的印刷厂，一面为维持战时生产，一面为规划在后方设厂，以备长期抗战。到了香港不久，蔡先生亦自上海由周子竞、丁西林陪同来港，拟取道前往西南。自港前往西南道途跋涉，至为辛苦，蔡先生此时高年多病，恐不能支持。周、丁二君因我在香港，照料有人，遂以相托。我遂迎蔡先生到商务的临时宿舍与我和商务自上海来此之二三同人相处。濒行周子竟以周夫人胞弟之资格，转述周夫人之嘱托，恐蔡先生饮酒过多，有碍健康，每日当以一次一大玻璃杯绍酒为限。我当然奉命维谨，仅于晚饭时供应绍酒一大杯，午饭不另供酒。未几内人携幼儿学善自上海续来，也同住于该宿舍。我以午间陪蔡先生用膳有内人及幼儿在，所以我自己便在商务印书馆办公室用膳，以省往返时间。内人知道蔡先生善饮，午间也供酒一大杯，晚膳时我不知此事，也照例供酒；于是每日一次增为二次，发觉后也不便更改。但以蔡先生之豪量，此区区者实不足道，惟自蔡夫人来港另租住宅后，闻每日仅以一次饮半杯，足见对蔡先生之健康更为审慎矣。蔡先生在宿舍内与我等相处约三个月，晨夕有暇，我和他畅谈今古，无所顾忌，蔡先生语多精辟，我皆择要记述于日记中，不幸在太平洋战事发生后，因我适留重庆，家人走避他处，寓中所存八九年日记均被焚毁，此时亦无从追忆。我们的宿舍系临时租赁跑马地崇正会馆的三楼全层，学善时甫入初中读书，假日或放学后余暇，辄由蔡先生携同沿跑马地一带散步，散步时闲话亦时有启发，以十一二岁之幼童，虽无写日记的习惯，然潜移默化已著效不鲜。

次年（民国二十七年）二月，蔡夫人携儿女自上海来港，遂觅租房屋于九龙柯士丁道，其地空旷，闻亦时携儿女散步。我因事忙，每星期仅能渡海访问一次，其间并由商务印书馆同人奉访一二次，探询有何事代为办理。时蔡先生目力渐弱，然仍不废读，我乃择由上海携来木板大字本书借供消遣，蔡先生阅毕，辄交商务同人携回，另行易取他书。每书阅毕，有意见辄函告我，现将手边所存有关此事之蔡先生亲笔函二通照录于后：

（一）昨承枉顾领教为快。顷奉惠函，以弟目疾，选书之大字者备阅，深感关切。《游志汇编》，准于阅毕后缴换他书。又承赐《演繁露》一部，拜领，谢谢。

（二）承赐借《游志汇编》二十册，字大，于晚间浏览，不感困难，今已读毕，奉还，谢谢。此书体例甚特别，无卷第，无序目。每篇自计叶数。极似现代教科书中之活页文选，未知各种目录书中曾著录否。如尊处尚有其他大字之书，仍请便中检书一二部赐借为荷。

我素有读书和藏书之癖，私藏多至七八万册，皆留在上海，除来港时随带极少数外，商务印书馆陆续有人调香港办事，每次我均托其从沪寓中检带若干来港，因此港寓渐积渐多，且多系佳本，上述《游志汇编》即系明版罕传本。后来某日我迎蔡先生及夫人等渡海来寓小叙，并参观我陆续自沪移来的较佳版本。越数日接蔡先生手函如次：

前星期备承招待，得纵览收藏珍品，又扰盛馔，感荷之至。昨承赐学政世兄所摄相片，甚为精美，永留记念，谢谢。

以上所谓珍品，大部分当然是书籍，这些书籍实为蔡先生留港时期赖以消遣之要具。因为蔡先生来港目的，原系取道前往西南，主持中央研究院，无如抵港后初因患病不能远行，嗣则交通日益困难，只能暂留，遥领院务，然因此深居简出，轻易不肯公开露面。甚至对各方通信，亦常化名为"周子余"，盖周为夫人之姓，兼含周余黎民罔有孑遗之义，以暗示"孑民"二字。至对我的通信，因系至好，且由专人转送，无不仍用"元培"或"培"字。

蔡先生留港期间，只有一次例外地公开演说，那就是在民国二十八年五月二十日，出席香港圣约翰大礼堂美术展览会，并发表演说。是日中外名流毕集，主席为香港大学副校长史乐诗，香港总督罗富国爵士等均列席。蔡先生的演说词也临时由我担任英译。

蔡先生留港将及二年，此次独破例公开讲演，表面上似为爱好美术，实际上承他密告我业已决计近期离港前往后方，藉此有关学术的集会出现一次，以示对香港公众的话别。又因彼时中英交谊甚笃，香港政府，特别是总督罗富国等，虽尊重蔡先生意见，不便正式应酬，然暗中爱护有加。此一集会为香港大学所发起，依英国通例，大学的副校长为实际的校长，而所谓校长辄由达官贵人挂名，彼时港督罗富国即兼任港大校长。蔡先生利用此一半官式的机会，与港督在此晤面，以示临别向地主道谢，实寓有深意，他人多无从悬揣，只看蔡先生经此一度公开出现后，直至二十九年三月逝世时，并未作第二次公开出现，便知其然。但是蔡先生此次虽怀有不避辛劳跋涉，前往后方的决心，卒因身体复感不适，愈后，仍荏弱不堪，蔡夫人爱护备至，坚阻其行，以至郁郁长逝于香港，深知蔡先生内心如我者，不禁为之扼腕也。

蔡先生在积极准备入内地时，忽患感冒，缠绵若干时日，愈后体力更衰弱，以致迟迟不克成行；同时香港对内地之交通除飞行外，艰险益甚，而据医生断定，蔡先生体力实不耐飞行。于是迁延又迁延，直至次年（二十九年）三月三日在寓所失足仆地，病势加剧，次日依主治医师朱君（香港大学医科毕业开业甚久，并充商务印书馆特约医师）之劝告，于四日乘救护车入香港养和医院疗治。盖其时蔡先生已患胃出血，疑系胃溃疡，必需入院留治也。我得讯，急赶至九龙蔡先生寓所，恰好在救护车出发之时，乃随同前往医院，代为办理各种手续，并加请港大医学院胃肠专科教授来诊，据称系胃溃疡，业已大量出血，一面固须设法止血，另一面尤须急为输血。及血型检定，取得供血之人，急行输血，已近午夜。时蔡先生已昏迷不省人事，我与周夫人及其胞侄二人，随侍病榻，至天明，尚无转机，医者言殆已绝望，及五日上午九时顷即告长逝。计享年七十有四。我为处理丧事，暂厝东华义庄，并为营葬于香港仔华人公墓。是年三四月间香港各界举行盛大公祭之时，我曾为文纪念。以《蔡先生的贡献》为题，就我个人的观感，为蔡先生作总评价。兹从民国二十九年四月份《教育杂志》摘录于左，以结束本文。

蔡先生的贡献

（原载于民国二十九年四月份《教育杂志》）

蔡先生的贡献，方面甚多；现就其关系最大的三方面，即：（一）政治方面，（二）教育方面，（三）学术方面，按个人见闻所及，简单叙述如左：

一、政治方面

此可分为（甲）直接的和（乙）间接的两部分。所谓直接的系指蔡先生本人所致力，而发生直接的效果者。蔡先生对政治方面直接的贡献，举其大者，为（一）清末鼓吹革命，（二）民元首倡责任内阁，与（三）民十四以后赞助国民革命。

（一）蔡先生在清末鼓吹革命，实导源于其爱国心与自由思想。自从甲午中日一役，国势凌夷，蔡先生爱国心长，愤懑之情自很热烈。戊戌行新政，蔡先生虽然生性不喜赶热闹，未尝一访康、梁，但他内心却很表同情；因此，是年八月六君子被杀，康、梁被通缉，他很为愤懑，遂于九月携眷回绍兴。次年担任绍兴中西学堂总理，因容许新旧两派教员自由论辩，为该学堂督办（即校董）所不满，适《申报》载有一道正人心的上谕，就把这道上谕送来，请蔡先生恭录而悬诸学堂。蔡先生复书痛诋，并辞职；后经多人调停，始暂留。可见蔡先生的革命思想已肇端于彼时。因蔡先生为爱国心激动以后，再发挥其思想的自由，不为忠君的旧观念所束缚，自然而然的便走到革命的道路上。其后数年蔡先生来上海，对内忧外患，接触更多，革命思想，益为坚定，所以在民国前十年他便和一些同志，在上海发起中国教育会，被推为会长。该会虽以教育为掩护，暗中实在鼓吹革命。稍后，爱国学社、爱国女学、军国民教育会及《苏报》等，先后成立，蔡先生直接或间接上都是主持人，而其目的均在鼓吹革命。可是蔡先生的鼓吹革命，和当时邹容所作《革命军》，主张仇满的见解不同，曾于《苏报》中揭《释仇满》一文，谓"满人之血统久已与汉族混合，其语言及文字，亦已为汉语、汉文所淘汰。所可为满人标识者，惟其世袭爵位及不营实业而坐食之特权耳。苟满人自觉能放弃其特权，则汉人决无仇杀满人之必要"云云。及辛亥革命，则蔡先生此种主张已成为舆论了。

当蔡先生发起中国教育会时，虽尚未与中山先生认识；然而志同道合，早于彼时发生精神上的合作。后来由何海樵氏介绍，加入中山先生所组织的同盟会，他对于革命工作，更积极进行。第一次留学德国期间，一面从事研究，一面鼓吹革命。因此，武昌起义，南京政府成立，便被任为第一任之教育总长。

（二）蔡先生在民元首倡责任内阁，系在临时政府北迁唐少川氏组织南北混合内阁之时。此混合内阁中，除总理唐少川新加入同盟会，蔡先生与王亮畴、宋遁初、王儒堂四阁员系同盟会员外，其余皆非同盟会员。非同盟会员主行总统制，最当冲之财政军政大问题，皆直接由总统府处理，并不报告于国务会议。蔡先生固首倡内阁制最力者。愤然谓不能任此伴食之阁员，乃邀王、宋、王三氏密议，如力争无效即辞职，旋以四人公意告唐少川氏；唐亦赞成。其后唐氏辞职，蔡先生虽备受挽留，决不反顾。人或疑其何以固执若此；不知蔡先生熟虑彼时政情，非厉行内阁制不能抑总统之专制；合则留，不合则去。其政治之风度，实开民国之先河也。

（三）蔡先生于民十四以后，赞助国民革命，除始终在国民党中努力推行中山先生的遗训和指导后进以外，并于国民政府成立后，相继担任大学院长、监察院长、国民政府委员兼中央研究院院长等要职。每当国家的重要关头，蔡先生都能以元老资格斡旋大局。只因蔡先生恬淡为怀，外间或误认为蔡先生近年侧重于学术的提倡，而不知其与国家大计固息息相关也。

以上所述，皆蔡先生对于我国政治的直接贡献；至其间接的贡献也很重要，最显著的莫如五四运动。因为五四运动是由学生爱国运动为起点，而渐次达到全民爱国运动，这种运动的意义至为深远重大，而其起源则为蔡先生担任校长时的北京大学。其后北大人材辈出，直接间接助成国民革命，其功至伟。在此抗战建国期内，北大同学为国家致力者济济多士，溯其渊源，蔡先生实与有大力。

二、教育方面

此可分为（甲）行政的（乙）实施的和（丙）推广的三部分。略述如下：

蔡先生对教育行政方面的贡献，可先从其就第一任教育总长时所宣布之教育方针见之。先是，清末教育界感于国家之贫弱，或提倡军国民主义，或提倡实利主义，蔡先生则谓"教育界所提倡之军国民主义及实利主义，固为救时之必要，而不可不以公民道德教育为中坚。欲养成公民道德，不可不使有一种哲学上之世界观与人生观；而涵养此等观念，不可不注重美育。"蔡先生所谓公民道德，依其自己所下之定义，盖以法国革命时代所揭示之自由、平等、友爱为纲；而以古义证明之，则"自由者，富贵不能淫，贫贱不能移，威武不能屈是也；古者盖谓之义。平等者，己所不欲，勿施于人也；古者盖谓之恕。友爱者己欲立而立人，己欲达而达人是也；古者盖谓之仁。"蔡先生所谓美育，依其所下之定义，则"美育为美感之教育。美感者，合美丽与尊严而言之，介乎现象世界与实体世界之间而为津梁。……在现象世界，凡人皆有爱恶惊惧喜怒哀乐之情，随离合生死祸福利害之现象而流转。至美术则以此等现象为资料，而能使对之者自美感以外，一无杂念。例如……火山赤舌，大风破舟，可骇可怖之景也。而一入图画，则转堪展玩"。蔡先生这种教育方针，虽因其不久便辞去教育总长之职，未能按其原意切实施行；然民国以来教育方针能兼顾各方面，不若清末头痛医头脚痛医脚支离破碎之方针，则实由于民国元年蔡先生在第一任教育总长时期内所示的良范。至于教育行政之具体方案，如学制之改良，课程之修订，义务教育之推行，社会教育之注重，以及大学教育之推广整顿，无一不从民国元年蔡先生任教育总长时，作划时代的革新。民国十七年、十八年，蔡先生任大学院长时，除大致本其民元之方针外，并使大中小学的设施益加贯串，同时并注重学术研究之具体化。凡此，都是蔡先生对于教育行政的贡献。

蔡先生对教育实施的贡献，最显著的是：（一）讲学自由与（二）人格陶冶。

关于讲学自由，蔡先生于清光绪二十六、二十七年任绍兴中西学堂总理时已开始实行。该校教员新旧两派并立，蔡先生一视同仁，新派中有提倡民权女权者，有提倡物竞争存之进化论者，旧派时加反对。蔡先生本人虽赞成新派，然对旧派教员仍予优容。民国八年以后蔡先生任北大校长，仍持同一态度。凡学有专长可为教授者，不因其思想稍旧或稍偏而弃置。据蔡先生说"我素信学术上的派别是相对的，不是绝对的，所以每一学科的教员，即使主张不同，若都是言之成理、持之有故的，就让他们并存，令学生有自由选择的余地。最明白的，是胡适之君与钱玄同君等绝对的提倡白话文学，而刘申叔、黄季刚诸君仍极端维护文言的文学，那时候就让他们并存"。甚至就我们知道的，还有挂着辫子的辜鸿铭氏，在那时候的北大教授英国文学，可见蔡先生真是"无所不包"了。因为蔡先生有这样"无所不包"的度量，所以北大便在蔡先生主持的几年中间，荟萃一时的人材，自由讲学；于是学风一变，人材蔚起。

关于人格陶冶，蔡先生于其先后所主持的各学校都很注重，而且都有很显著的成绩。蔡先生之实施教育，除按他任教育总长时所定的教育方针，注重公民道德与美育外，并以他自己的高尚人格示其模范；所以时时和蔡先生接触的学生，真是如坐春风，自然而然的会将人格提高了。

蔡先生对于教育推广的贡献，就是在他担任校长的北京大学内，产生一个白话文运动，由这个运动树立了语体文教学与写作的根蒂，渐渐普遍于全国和各阶级的人，使我国的语文教学减少了许多的困难，读书求学的人增加了许多的便利。这固然是胡适之、钱玄同、陈独秀诸君的直接功劳，但是没有蔡先生以教育界领袖和旧学耆宿的提倡赞助，纵然博得一般人的同情；上层阶级总是不肯让步和不屑仿行的。

三、学术方面

蔡先生于学术的贡献，可分（甲）研究与（乙）提倡两部分。兹述其概略。

蔡先生自己对于学术的研究，在二十九岁以前完全为旧学，三十岁始阅科学书，三十二岁始习日文，三十七岁始习德文，四十一岁第一次游学德国，研究哲学及美学，四十六岁第二次游学德国，研究世界文化史，四十七岁游学法国，习法语。旧学方面，自十七岁补诸生后，即不治举子业，专治小学、经学、史学，偏于儒林、文苑诸传艺文志及其他关系文化风俗之记载。其议论奇特，文章古朴；然乡会试联捷得翰林院庶吉士，补编修，在蔡先生亦自以为出于意外。通籍后，更于书无所不读，备极淹博。新学方面，于文、史、哲及美学多所研究。更能融会中外新旧，冶于一炉。当蔡先生六十五岁生日，中央研究院同人各为论文以庆祝，撰文人共上蔡先生之书，称其"萃中土文教精华于身内，泛西方哲思之蔓衍于物外"，的系切当之言。蔡先生在学术上独特的创见甚多，最显著者为（一）以科学方法整理国故；（二）以美育代宗教。其说影响于学术界至为深远。

蔡先生对于学术的提倡，除在北京大学促进研究之学风，甚著效果外，国立中央研究院之创设与主持，实为蔡先生对于我国学术之最大贡献。蔡先生以其无所不包之精神，树立研究不息之模范，网罗各科研究之专材，先后成立各研究所，虽为时未久，物力有限，成绩业已渐著，假以时日，并扩充经费，将不难比美欧美各国之最高学术研究机关也。

（一九六三年二月为《传记文学》写）

我所认识的朱经农先生

世之以教育家见称者；或从事教学，造就人材；或研究教育，耽心作述；或主持行政，推行教育，各有专务，自成一家：其以一身而兼数者，毕生交互从事于此数者，吾无以名之，名之曰全面教育家。亡友朱经农实当之而无愧。

经农自二十岁始献身于教育，迄逝世之年六十有五，其间四十五年，无时不直接间接与我国教育攸关，其对于教育研究，教育实施，教育行政与夫教育著作，亘此四十五年无时或辍；致力之勤，成绩之优，方面之广，范围之远，就余所知，国内尚不多见。天假以年，其造诣定随年事与经验循几何级数以增进。今不幸于本年三月与世长辞，此岂仅我国教育界之莫大损失，亦世界教育界之损失也。

余识经农于民国前五年，其时经农甫二十岁，因留学日本遭日人之不平待遇，与同学数百人集体归国在上海自办学校，定名为中国公学，初时除向外界延聘教员外，学校行政悉就同学中互选分任。未几以同学中意见不一，别组中国新公学，经农膺选为教育干事，一面协同办理学校行政，一面按照课程听讲。时余甫十有九龄，受聘为英文教员，经农遂与余由短期之师生关系，进而形成四十余年生死不渝之友谊。越一岁，经农以第一班毕业，新旧两公学复合，余与经农同任教于中国公学，由同学进而同事，以迄于共和建国之前夕。此数年间，余授英文，经农授算学，均以循循善诱，获诸同学之好感，而经农于授课之余，兼任学校一部分之行政，此不仅表现其干办之才，且在学校多头政治之下应付裕如，人缘极佳，盖其待人以诚，无往而不受欢迎也。

辛亥革命起，余与经农同辍教参加。南京临时政府成立，余任职总统府与教育部，经农则助宋钝初先生。及政府仍迁故都，余与经农分别随蔡子民、宋钝初两先生北上，分别任职于教育部与农林部，虽相与复聚于一地，然任事之机关非一也。未几余以公余任《民主报》馆外撰述，每周撰文二三篇；经农则任馆内编辑，每夕到馆工作；于是余等实际上又共事于同一机构矣。此一共事之机会持续至民国二年冬，袁世凯叛国，封闭《民主报》馆，枪杀社长仇蕴存之日为止。时余以在馆外撰述，文稿皆用笔名；经农则不住馆中，且任职于政府，可资掩护，遂得免于难。

民国二年余先后脱离教部及报馆，仅在北平国民大学嗣改称中国公学大学部者任教；经农则转任工商部之职，以其余暇为私立第一女子中学校任教，虽纯尽义务，而其诲人不倦之精神，知者无不敬佩。次年熊秉三先生筹办全国煤油矿，设编译股，纂译有关油矿参考资料；经农为秉老内侄，不自为谋，而力荐余以教课余暇主持该股译事，无须按时到值，月获津贴百元，以视油矿经理处其经费由美国方面开支者相去至远。经农颇为余不平，而余则以孔子为委吏乘田，犹肯尽职，余何人斯，敢视同闲散，因是大半年来，辄以半日到值，伏案译一油矿专籍，日二三千言，以篇幅繁多，尚未脱稿，成绩亦无从表现也。会中美合办延长油矿渐成议，由美方拟定契约草案及其汉文译本送达于油矿经理处；又以美方代表远来商洽，不便久留，建议从速提交内阁会议，已定期矣。时经理处之主办对外交涉者为魏易（冲叔）、董显光、熊崇志三君，皆以英文能手著称；而冲叔尤长于译事，与林琴南合译《说部丛书》百数十种，脍炙人口。三君审阅原稿及译文后，因译文出自上海某律师事务所译员手笔，佶屈聱牙，不可卒读，尤难索解，认为必须重新翻译。顾全文字数不下三万，为期又迫，而法律条文句读特长，要非对法律及中英文字兼有研究者不办。冲叔夙治文学，法律非所素习，遂挢谦不肯执笔；董、熊二君尤逊谢不惶。事达于秉老，正踌躇间为经农所侧闻，力荐余任其事。秉老颇犹豫，而冲叔毅然赞其议，即日访余于寓所，出示原文，丐余重为翻译，并言限期迫，后日下午须提会议，是重译期间仅限于一昼夜。余略一展读，勉允次日晚膳前缴译稿。冲叔辞出，余即开始工作，从当日下午五时起，夜间仅睡三小时，迄次日午后三时，计实际工作二十小时，而成稿二万六千余字，通读一过，匆匆持诣冲叔；返寓后，提前晚膳即就寝。次晨起床，经农旋至，首向余道喜，而其自身欢喜若狂，有如童稚之天真。盖余自昨日缴稿后，自分责任已尽，不复萦怀，且倦极睡酣，一切几忘怀；然在另一方面，油矿经理处诸君则恐时间稍纵即逝，立时核阅译稿，并拟以永夜付缮写。初时秉老与其顾问某君，觉余所译酷似中国法律条文，疑出自创意多于翻译；及冲叔等核对原文，认为无懈可击，始释然，复愕然。是夜经农守候熊宅，急余之所不急，有如秀才候榜；最后秉老语经农，以大半年来不知余之能沟通中英文若此，致委屈多时；自即日起，当使余受经理处魏君等之同一待遇，每月三百五十元，并嘱经农先致意，翌日午后会议毕，将亲来余寓道歉忱。经农得此信，欣喜有胜于身受，其为余言，自南京临时政府成立之喜信以来，此为最快心之一事。其对余之挚爱有如此者。迄今三十有八年，此一印象，历久犹新。在今日仍欲得一挚友如经农者，将安求之？

民国三年，经农之事业起一重大转变，而与其毕生之成就攸关。事因教育部改各国留学生监督处为经理处，新派驻美经理员严某为经农同乡，年少而资历浅，幸侥获斯席；其下设书记员一人，位卑薪薄；时经农方居荐任部职，为达其赴美半工半读，以谋深造之志愿，不惜降格任此。抵美后，严某官架甚足，除公事外，私人函件，亦令经农工楷缮写。经农虽辛苦甚，然除于致余函中偶露真相外，无时不勤慎从公；而以其余暇就读于华盛顿大学教育系，三四年间，先后得教育学士及硕士学位。我国学生在美留学，以凭本国大学毕业资格而入毕业学院研究者，较凭中学毕业资格而入本科肄业者为轻松。经农未尝毕业国内大学，只能入本科；幸其成绩优良，并经中国公学大学部证明其在业余选修之大学科目，故得以二年修毕本科功课，再历一年，得硕士学位；均名列前茅。方拟续修博士学业，终以家累及其他原因提前返国，而在返国之前，已受聘为国立北京大学教育教授，为时约在民国七八年之交。

其后二三年，即民国十年，余就任商务印书馆编译所所长，受事伊始，即谋以人材充实编译所，于是国内各部门之一流人材多在礼罗中；以余对经农相知之深，与经农之精研教育而夙富编译经验，当然早在罗致之列。只以北大斩而不舍，延至十二年始克来馆任事。经农在编译所中初任哲学教育部部长，继兼国文部部长，而后者为多年因袭之名称，实际上为主编小学各科教本之部门。经农因此项职务关系，乃兼任商务印书馆附设之尚公小学校校长，并曾努力使成一试验学校。经农在编译所任职至民十七年，为期约四年，其完成之主要工作为主编全部之新学制小学教科书，并续竟余于民十一年发起编译之《教育大词典》。后者在我国单科词典中，取材之丰富，编制之精审，迄今犹首屈一指也。至对于其他之编辑计划，或创意，或赞助，所以裨益余之工作者亦多。在余与经农睽离八九年后，再度共事，其愉快自不待言。

民国十七年国民革命军完成统一大业，定都南京。大上海市随而建设，其市教育局长掌握全国第一大都市的教育，当局认为舍经农莫属，浼之再三，义不可却，但以经农对余之关系，情或难辞；于是向余关说，许经农暂离商务，改长该局而为全市教育造福者，踵相接。结果卒如所请，经农遂首次进于教育行政之领域。以上海市教育行政之繁重，经农处之裕如，且不愿放弃实际的教育工作，仍兼若干私立大学讲座，一如其在商务编译所者然。

经农对教育行政的效绩已著其端，于是向之钦佩其为名教授，名作家者，自是不得不承认其兼具行政的长才。及蔡子民先生筹办大学院，乃任经农为普通教育处处长，主管全国中小学教育行政。嗣大学院改组，析置中央研究院及教育部，由蔡先生及蒋梦麟先生分长之。经农留教部，初为普通司司长，继升任常务次长，遂得以其在一市所设施者推而及于全国。民二十一年秋始转任湖南省教育厅厅长，历十年以上，对于一堡一小学，一镇一中心小学之原则，执行至为彻底，普及教育，厥功甚伟，湘人士咸能道之。民二十六年八月后，中日战事延至上海，余不得不为商务印书馆策内迁，先期以一部分机器运达长沙，购地备建工厂，是年十月余躬自来此，留月余，与经农时相把晤。其后长沙大火，商务新厂全毁，余更随政府迁渝市。彼时中央大学易长，校长一席由今"总统"蒋公以军事委员会委员长暂兼任，而调经农为教育长；以蒋公之一日万几，校事自多由经农主持，如是者约历一年，内外翕然。此为经农掌国立最高学府行政之始，然在民十六至二十年间，经农先后兼任光华大学副校长，中国公学副校长，专任齐鲁大学校长，是则经农之主持私立大学行政固远在其前矣。中公为经农母校，入民国改为大学，中经多故，迭次易长，纠纷亦时起，然其间最安定之时期莫如胡适之之长该校与经农之副长该校任内，此固师生所共同称道者也。

经农以调任中大职，致脱离其在第二故乡之长期教育行政；然中大教育长之任固因蒋公兼长校政而特设，及蒋公辞兼任，经农亦坚辞，遂转任教育部政务次长，以迄于胜利还都以后。经农时以久任教育行政，颇思得当从事著述，以复返于学术生涯，会余于复员后为国府主席蒋公坚邀入阁，义不可却，于是留渝期内可藉口商务责任无从交卸，不克献身于国者；至此无可藉口，遂摆脱商务；然于放弃多年关系之事业时，曾允负物色适当继任者之道义责任。自余从政后，一年以来商务总经理之职仍属暂代。余以经农既倦于从政，而于商务有旧关系，就其研究及著作之经验，继余而任商务总经理兼编审部部长，实最适宜；于是一面为经农与商务董事会居间周旋，一面以国府主席蒋公对经农倚畀正殷，或未允听其脱离，遂于三十六年夏余奉召赴牯岭时，面为陈情，幸荷俯纳。经农遂得于三十六年秋正式接任商务印书馆总经理之职，而仿余旧例，仍兼任编审部部长。经农之治理商务印书馆，视余之对各部门无不过问者异其趣。馆中要务实分编审、生产、营业三大部门；经农除躬自主持编审部外，其他二部门则委托两协理全权主政，经农仅操其大政方针。因是，得以其余暇兼任私立光华大学校长，每周并授课若干时；是无异同时主教育行政、教育实施与教育著作矣。其受任于商务之初，首就余于抗战时期在重庆编印之《中学生文库》扩而充之，编为《新中学文库》，以为复员后各中等学校之补充读物，并为沦陷多年之地区学校供给健全的精神食粮；同时更主编《新小学文库》，大体与余在战前主编之《小学生文库》相若，而取材则适应时代。故就编印书籍言，其第一年之成绩殊可观。第二年以后，由于共党之势焰日张，商务董事会的左倾与投机分子渐抬头，总管理处又搀入不稳分子，董事会主席张菊生先生遂渐受共党同路人包围，以经农为国民党员，颇加抑制，致措施渐难如意。经农素不愿与人争，于是对于商务的出版计划不免渐趋消极，而稍稍偏重于光华大学。光华自经农主持以来，虽以私立而限于经费，然学风校誉日有进展。甚至民国三十七年以后，上海各中等以上学校由于共党职业学生的煽动，纠纷时起、光华因经农注重功课之设施，大多数学生不得不埋首功课，少数煽动分子毕竟难施伎俩，闻一度风潮已酝酿至最高度，终以经农平素为学生爱戴，晓以大义，听者动容，幸告宁靖。经农尝语余，彼不畏学生，独畏工人；故对于学潮不难平息，对于工潮将无从措手。此却真话。盖以其多年讲学办学，深知学生心理，事前可以防范，事发亦可劝导感动，较诸平素漠不相关之工人，其应付自较顺手。

经农在主持商务书馆的后期，情绪颇苦闷，屡欲辞职，专任光华大学事；自认对此较有办法，于人于己亦较有益，曾为余一再言之。会三十七年冬国际文教联合会集会于巴黎，政府当局未暇出席，遂以经农为首席代表与会，会期及往返不逾两月，经农拟乘此机缘，重游美国，计期约半年始归。于是决辞商务之职。事前曾与余熟商。余以时局愈危急，今后之商务印书馆面临对日抗战时更严重之局势，经农如欲行使总经理之职权，挽将倒之狂澜，而不惮与异己者破裂，藉以维持商务一线之自由命脉，则此时似不宜远行，若为独善其身，免陷于不尴不尬之局，则乘此辞职，亦无不可。余意颇倾向于前者，而经农则以对商务关系不深，又谦称魄力不及余，无力与反对者抗，遂决采第二办法而辞职。结果，经农甫向商务董事会言辞，即被接受；经农因是更作久留国外，从事写作研究的计划。自文教会闭幕，即转道赴美，与其两子文长、文华相处，闭户读书著作，以一年之时日，成英文《中国教育思想史》一书，拟觅出版家印行而未果。当以旅费将罄，不得不出而就业，以维生计；于是自一九五〇年秋，赴康州应哈特福神学院之聘，任中国史哲讲席，而与其一年相处之两子分别，独居于该院宿舍中。本年三月九日致书其次子文华，谓著作颇顺利，因需收集若干资料，春假将往华府国会图书馆读书，道出巴城，当来一晤云。是日工作如常，晚餐时谈笑亦如常，餐后返卧室，至九时半突然轻敲邻室之门请为召一医生，此邻室之美国学生即出召驻校护士，并电邀校外医生；另一菲律滨学生则偕经农返室，随侍在侧。数分钟内护士赶到，经农已渐不辨识，延至十时半逝世，医师到达业已过迟，无能为力矣。因病起仓卒，并无遗嘱，其子检视日记，见本年二月十七日所记者有如左之一段：

我为同盟会员，民元转入国民党，对党始终如一。党当政时，我只守党纪，不争党权。党失败时，流离颠沛，决不背党。国民革命初步成功，十七年国府成立，余因党的关系，舍学从政，浮沉二十余年，至今思之，实为重大牺牲。倘以二十余年光阴从事学术研究，埋头著述，则今日成就决不止此。从政二十余年，所做建设工作，均被战事摧毁。至今回思，一场空梦。今年老力

我所认识的朱经农先生　　**261**

衰，虽欲从事著述，精力不逮，奈何？

以上短短一段文字，已足为经农自述的概略。其最后数语，感慨年力就衰；然其雄心实未稍懈。据文长函述经农在美生活及逝世情形，谓其抵美之初，不自满于业已精通之英日文，及曾经入门之德法文，遂赴市肆购取德文、法文会话唱片，不时收听。临终之夕，一卷在旁，眼镜置于书上，至死犹在进修，犹在工作也。

经农旅美后，与余常通信，中多愤世忧国之言。今春余自香港迁居台湾，抵台后于一月五日曾去一函，久未得复，方深疑讶。及其去世后数日，文长始得一月廿四日经农复余之函，因误书住址而为邮局退还者。文长为使其先人"致其终身好友最后之遗札得以到达"，与报丧之长函一并寄余。此为余所接经农之最后手札，而千差万错竟于逝世后始达余手也。余为表示经农愤世忧国之诚，初拟照录原函于此，终以某种关系，目前尚非其时，考虑再三，乃暂保留。

然而斯函内容，似已将一位教育家导至教育的领域以外矣。实则教育目的在为国家与人群增进幸福。真正的教育家固不能漠视国家与人群也。惟其如此，故经农身在教育，而心不忘国家与人群。其忠党爱国之情，于上举之日记及致余最后手札中，昭然若揭。而就余所知，可为补充者，尚有左列数事：

一、民国初年任《民主报》编辑时，所撰社论无不提倡真正民主政制，以反对袁世凯当国时的独裁。

二、民十二年至十七年任职商务印书馆编译所时，对社会公益慈善诸事业，无不积极参加提倡；于教会工作尤为热心。

三、两次任国民大会代表时，对于宪法的制定多所主张，对于其他讨论亦无不热烈发言。制宪国大集会时，因劳苦备甚，致胃溃疡突发，几不治；余每日赴病榻省视，无不以会场讨论及其结果见询，一若忘其自身之病苦，只以不能出席发言为苦者。

经农在任何公共团体或集会中常发生领导的或动人的作用；其原因为具有明敏的分析力与动人的口才。在会议中经农颇喜发言，而发言多能中肯，但亦有因其发言过多而嫉视或起反感者。经农与余无话不谈，间亦不免互为标榜，谓余非必要时不发言，言必中肯；而其自评则为言亦多中肯，但因发言过多，惹人嫉忌，表决时或致失败。是语似为公允的自我批评；然自余视之，经农之发言，庄重而和蔼，绝少偏激，纵然发言稍多，以其态度之诚挚而无丝毫之轻率，即有反感，亦微不足道也。本年五月在台北市各界为经农举行之追悼会中，某君致辞称经农赋性和蔼，而与人论是非，则词严义正，不稍假借，识者亦多能谅之；可谓公平之论。

经农具有领袖人物的种种条件——公而忘私的精神，明敏的头脑，动人的口才，组织的能力，丰富的常识，法律的

挂牌做医生，暗地里一心一意，反抗当时的皇帝，特别是那位西太后。那时候我年纪尚小，对于民族意识还没有印象，只是小小的心灵对于我们的表兄和他所追随的那位孙医生的大胆行为，仍然时时怀念。后来有一日，大哥教我读《孟子》，读到"君之视臣如土芥，则臣视君如寇仇"一段话。我经他解释以后，不禁高兴万分。那时候中日战争，我国大败，民间传说都痛恨西太后信任太监，乱花国家的金钱，专供一己的浪费，把人民的死活看不在眼里。这一次打了败仗，我国人民不仅要给西洋人欺负；甚至东洋鬼也欺负我们了。我听了这些话，此时又读到这两句书，便忍不住对大哥说："那个西太后是把我们当土芥，我们为什么不把她视同寇仇；陆表兄的行为怎算得是造反？将来我长大起来，定也不肯把她放过。"大哥是一位典型的旧式读书人，曾经考中秀才，不免迷信忠君的教条，听了这番话，大吃一惊，除力戒我不要胡言外，后来还对父亲说过："四弟读书还不差，只是防他长大后要走错路。"

我在幼小的时候，既然有了这种的心情，而且和当时首先为革命而牺牲的人物，陆皓东烈士，有亲戚关系。听说在我三四岁时还和他见过一面。由于钦佩陆烈士的牺牲精神，连带敬佩他所追随的革命领袖，于是我对于孙先生由闻名而慕名。长大后，能够读书阅报，对于孙先生所领导百折不回的革命运动，无不寄予崇高的敬意。从十九岁起（民国前四年）我任教于上海中国公学，该校为曾经参与或拥护革命的许多师生所创办，我与之接触既多，对于孙先生的崇高思想领悟更深切；但因那时候我的三个哥哥先后去世，我在家庭中实际上成为独子，两老均在暮年，未便有何冒险行动，只好善用时间，充实自己，以备将来发展。不过私人对于孙先生的景仰，与对革命成功的期望，殆无时不念兹在兹。

侥幸得很，后来竟有一个机会和孙先生见面，而且藉此机会，竟在孙先生直接领导下工作了一个短时期。前者在中华民国开国的前夕，后者则在中华民国开国的最初几个月内。事实是这样的：

民国纪元前一年十月十日（前清宣统三年八月廿九日）革命党人熊秉坤、蔡济民等奉孙先生命，在武汉起义，各省纷起响应，未满两月，便光复了十几省。其时孙先生在海外从事于种种支援革命的运动，十二月二十五日才返抵国门的上海，二十九日各省代表集会于南京，以绝对多数选举孙先生为中华民国临时大总统。三十一日（旧历十一月十二日）孙先生乘沪宁铁路夜车往南京就职以前，我们香山县（就是现在中山县的旧名）四都和大都（孙先生的菜坑村和我的故里泮沙村均属四字都）的同乡人士，联合公宴孙先生和随他返国的革命先进人士于上海老靶子路的宸虹园。我以一个年仅二十三岁的青年，被同乡父老谬推为主席，即席致词欢迎孙先生，并对于中华民国建国的意义，颇有陈述。孙先生在答辞后，因与我邻座，交谈特多，并询我现任职务。当时我担任吴淞中国公学英文教员和江苏省提学使李瑞清斥资开办的留美预备学堂教务长，并以晚间余暇为友人李怀霜所主持的《天铎报》撰述。由于两校均以军事行动停课，此时仅为报社撰述。孙先生闻言，即告以明日为中华民国开国元年，他立即就职，很希望我能来京相助。我自计对于孙先生虽然私淑已久，此时才得初次承教。我并未加入革命组织的同盟会，孙先生竟不见外，邀我相助，其用人无方，特别值得敬佩。我出身寒素，又没有什么学历，这时候已服务社会七八年，向来都是事找我，没有由我去找事；因我入世未深，认为社会上尤其是教育界的工作是如此的，只要你适合于这件工作，工作自然会找到你的。但我也知道政府的工作，可不能如此。前清参加政府工作的人，大都经过两途，一是考试，二是花钱捐纳，似无论是考试或捐纳，都得要自己钻门路和请托，才易获得实职。却想不到以一个未曾参加革命工作，又未加入革命组织的人，仅因一面之缘和一席的话，便承我们新建国家的最高领袖自动擢用，一面固然受宠若惊，一面还得谦让一下。但孙先生仍坚邀我相助，并且很具体地说明要我充任临时大总统府的一名秘书。我感于孙先生的态度诚恳，始敢应允，但因手边尚有未了工作，拟请在两星期内晋京报到，孙先生也慨然允许，只望我如有可能，还是早些来京任职为好。

记得在民国元年一月中旬，我把未了的事料理和交代后，即赶往当时首都的临时大总统府报到，承孙先生即予接见，态度异常亲切，并下手谕派我为临时大总统府秘书，面嘱我在接待处代他接见一切来访的宾客。孙先生说，由于我能操英语，又擅长国语和广东话、上海话，对此任务最为适宜。他告诉我任何要见他的人，都先由我接见，除经特约者外，认为无需亲谒孙先生的，便请分别改向总统府中有关单位或府外有关部会接洽，如认为有由孙先生接见必要的，便把他要晋谒的事由与其住址记下来，告以待请示后，并经核定接见时间，再由我去函通知。因此，我每日总要向孙先生报告一次，或用书面或当面请示。为着这项职务关系，我便以一个初出茅庐的小秘书，常有机会当面承教。每次承教时，孙先生都以很和蔼的态度指示我。临时大总统府秘书人员的任务，不限于文书或机要工作，除接待处以秘书主持外，收发处也以一位秘书主管，那是我在中国公学任教时的一位学生，后来成为名教授的杨铨，号杏佛。据说那时候收发处的职掌颇重要，除标明特别机密的文件外，主持收发处的秘书，都有权开拆，和径行分送某单位或某秘书办理。

　　我在总统府任职不满半个月，突接上海家里转来那时任教育总长的蔡元培先生亲笔写给我的一封信，邀我往教育部相助为理。原来在我入京任职以前，由于任教多年，对民国的教育政策颇有主张，便把我的意见写成建议寄给蔡先生。我对蔡先生并无一面之缘，而且已有总统府的职务，更无借此求职之意，只是以教育界一分子贡献一点有关教育的意见而已。想不到蔡先生对于一位向未谋面的青年，而且丝毫没有表示毛遂自荐之意，竟也特予拔擢。我接到这一封回信，心里倒是着实盘旋一下，由于我从十七八岁开始担任教师，对教育确感兴趣，同时我对于清末教育制度不大满意，趁此新邦缔造之时，向教育当局贡献一得之愚，居然获得赞许，并邀我来部相助，假使我能乘此机会参加革新教育的工作，当然很愉快；但一念我承孙先生意外拔擢，对所任职务，虽不见得有何特别兴趣，然在春风化雨之下，实在舍不得离开，而且不便启齿。想来想去，我还是把孙先生视同家长，而不当他是国家的元首，持着蔡先生的信面谒孙先生请示。孙先生听了我的报告，随即说："你多年从事教育，担任教育部的工作，实最适宜，但你在总统府任职也很得力，我主张一个两全的办法，就是上午接待处来访的人较多，你还是上半日留在这里，下半日往教育部办事，如此便两不相妨。"孙先生这一种指示，恰好解决了我的左右为难。孙先生随又加派一位秘书到接待处任事，上半日好像是协助我，下半日却是代替了我。

像这样的愉快生活，我在南京渡过了两个月。后来，因为孙先生顾全大局，自动下野，把临时大总统职位让给袁世凯。我便随着蔡先生，到北平教育部任职。

目前留在台湾的前南京临时大总统府秘书，计有五人，年纪最高的是今年九十一岁的梅乔林先生，其次是八十二岁的但植之先生，再次是年近八十的邓家彦先生，我的年龄排在第四，第五位是邵逸周先生，也在七十岁以上。如果连前年去世的冯自由先生一起计算，我的年龄便是第五位，邵先生却是第六位了。

　　　　　　　　（一九六二年十一月国父诞辰前夕为中国广播

　　　　公司录音播讲，交《传记文学》于次月发表）

事实上，严谨、高雅以及热心教育这三端，并不足以用来概括稚晖先生的平生特色，同时我的本意也不在此。我只是借今天的机会就个人记忆中与稚晖先生接触的若干片段，予以叙述，用表纪念之意。

（一九六三年三月二十五日在世界社恒杰堂讲，由次日各日报发表）